紙上光陰

——民國文人研究

夢之儀・著

目次

冰心和趙清閣　　　　　　　　　　　　　　5

豐子愷和黃涵秋的友誼　　　　　　　　　17

巴金和豐子愷　　　　　　　　　　　　　27

龔寶銓和章太炎　　　　　　　　　　　　39

苜蓿園的春天　　　　　　　　　　　　　55

吳宓與方令孺　　　　　　　　　　　　　59

也談聞一多《奇蹟》為誰而寫　　　　　　65

方令孺和孫寒冰的同學情　　　　　　　　71

靳以初到復旦任教的時間　　　　　　　　77

方令孺的佚詩佚文　　　　　　　　　　　83

陳夢家的佚詩佚文　　　　　　　　　　　89

陳夢家的青島　　　　　　　　　　　　　97

林徽因徐志摩的英倫之戀　　　　　　　109

徐志摩八寶箱兩處疑點探佚　　　　　　123

巴金和他的《滅亡》　　　　　　　　　129

談方令孺的家世及出生　　　　　　　　135

湯雪華的文學人生　　　　　　　　　　145

穆旦：一生流浪的精神探索者　　　　　153

風風雨雨憶前塵──「文革」中的豐子愷　　　　　　　199

後記　　　　　　　　　　　　　　　　　　　　　239

冰心和趙清閣

一

　　冰心和趙清閣認識於抗戰時期的重慶。趙清閣曾經回憶初次見到冰心時的印象：

> 記得我第一次見到冰心，是一九三八年在重慶的文藝界抗敵救亡協會上，那時她還未到「不惑」之年。她溫文爾雅，風趣和藹，一望而知是文學大家的風度。我們一見如故，我欽佩她，她也不以後學見棄，反倍加愛護，親切相待。[1]

　　不過細究一下，這裏時間上有一些出入。1938年，冰心還在昆明，1940年冬，冰心應宋美齡之邀前往重慶，參加婦女工作指導委員會，之後在重慶郊外的歌樂山安家。張彥林在《錦心秀女趙清閣》一書中寫到：

---

[1]　趙清閣：《友情的紀錄》，《長相憶》第64頁，學林出版社1999年1月版。

1940年12月7日，「文協」[2]借中法比瑞同學會舉行茶話會，
歡迎茅盾、冰心、巴金等到重慶的作家。冰心第一次見到周
恩來，也第一次見到趙清閣。[3]

這個說法應該是對的。

不過此書在所收附錄的《趙清閣年譜簡編》中，又說，在1940
年初春，趙清閣結識冰心。對於這個說法，大概沒有什麼依據。

那時的趙清閣在重慶北碚的教育部教科書編委會任職，並且
主編宣傳抗戰的文藝刊物《彈花》。「而這時，趙清閣名氣漸大，
國民黨便請她入黨，然而她拒絕參加國民黨，她也因此受到教科書編委會長官批評，趙清閣為此憤而辭職。」[4]

由於上述原因，教育部支助她主編《彈花》的費用也取消了，1941年4月，《彈花》在第3卷第8期刊出後，趙清閣揮淚宣告停刊。

《彈花》停刊之後，趙清閣心情苦悶，冰心邀請趙清閣到歌樂山小住幾日，從

▼青年時代的趙清閣

[2]　筆者注：指文藝界抗敵救亡協會。
[3]　張彥林：《錦心秀女趙清閣》第49頁，河南人民出版社2005年6月版。
[4]　張彥林：《錦心秀女趙清閣》第36頁。

那時起，冰心和趙清閣開始結下了很深的友情。

二

　　在北碚的日子裏，趙清閣的名字經常和老舍連在一起。梁實秋曾先後寫過兩篇《憶老舍》的文章，分別收入他的《實秋雜文》和《看雲集》兩個集子，另有一篇《關於老舍》，內容與其中一篇有些重複。據梁實秋回憶，老舍在住過一陣「文協」辦公的林語堂私宅後，他搬到了一幢小樓，左右鄰居是趙清閣李辰冬等。趙清閣寫過一些北碚時期的回憶文章，但她從未提到過與老舍同住小樓的情況。

　　1943年10月28日，老舍夫人胡絜青在老舍不知情的情況下，攜子女抵重慶，11月17日，胡絜青抵北碚，老舍夫婦團聚，趙清閣則遷居重慶市內的神仙洞街。

▼老舍贈趙清閣的照片（1938年在武漢）

　　收入《冰心文選——書信卷》，現存冰心給趙清閣的信最早寫於1944年2月2日，冰心要在2月21日至25日到重慶城裏開會，她約趙清閣在21日的中午，到重慶城內、冰心丈夫吳文藻暫住的顧一樵的「嘉廬」看看。

物質條件是艱苦的，趙清閣的心情更是苦悶的。「一九四三年的秋天，我從北碚遷居重慶。當時身體、心情都很壞，是逃避現實又像是在迷霧中找精神出路……」[5]。冰心很瞭解她的苦惱心情，於是給她出主意改編《紅樓夢》。

四十多年後，回憶當時的情形，冰心有過記述：

> 清閣來信，要我給她的《紅樓夢話劇集》作序。想起在一九四三年，重慶的一個陰冷之夜，我們談起《紅樓夢》，那時她正想寫歷史劇本，我勸她把紅樓夢人物搬上話劇舞臺——忽忽已是四十年了！[6]

當事人的另一方趙清閣同樣有過差不多的回憶：

> 重慶時我在創作上遇到了險阻，現代題材禁錮重重，筆耕幾乎中輟；精神苦悶極了，生活壓力很大；冰心為我指引了一條改編古典名著《紅樓夢》的出路，她認為搞古代題材沒有什麼風險，於是在她的勉勵下我花了幾年工夫，埋頭研究、改編了《紅樓夢》話劇本四種，一一出版單行本，1985年集中合併出版時由她抱病寫了短序。[7]

---

[5] 趙清閣：《〈紅樓夢話劇集〉自序》，《紅樓夢話劇集》第5頁，四川文藝出版社1985年6月版。

[6] 冰心：《〈紅樓夢話劇集〉序》，《紅樓夢話劇集》第3頁，四川文藝出版社1985年6月版。

[7] 趙清閣：《悼冰心》，1999年3月19日《文匯報》。

冰心在1944年5月3日的信也提到《紅樓夢》的改編，同時，她仍在信中約趙清閣上她的歌樂山「潛廬」聊天：

> 聽說您六月中到賴家橋，離此很近，走也走得到，希望經常到山上來玩。附上現代婦女社收條四張，請分送。手邊沒有《紅樓夢》，明天去借，當替你「琢磨」不誤。[8]

趙清閣到賴家橋是上課去的，她在洪深主持、郭沫若領導的文委會戲劇培訓班講授「編劇法」。自此，冰心和趙清閣的友誼有了進一步的增進。

▲冰心致趙清閣書信手跡。

冰心始終關注著趙清閣，無論是她的創作還是她的生活，在1945年1月10日的書信中，她又提到《紅樓夢》的改編：

> 關於寫劇本，很想同你談談，那段故事我相信寫起來很生動。《鴛鴦劍》做劇名不知好否？總之，以後再說罷。[9]

---

[8] 1944年5月3日冰心致趙清閣書信，《冰心文選——書信卷》第63頁，福建教育出版社2007年12月版。
[9] 1954年1月10日冰心致趙清閣書信，《冰心文選——書信卷》第66頁。

在這封信裏，冰心還特地說到，她到了北碚，無意中碰到不少朋友，但老舍和張充和是她特地約的，並且說談了很久。冰心對趙清閣特別強調約了老舍談了很久，是能夠傳達一些意思的。

在1945年5月26日的信中，冰心同樣關心著趙清閣和老舍合作創作的《桃李春風》一劇未能在美國百老匯上演的情況。

這一時期冰心的友情，撫慰了趙清閣的心，趙清閣把冰心看作亦師亦友的大姐。冰心去世後，回憶那段日子，趙清閣深情地說：

▼《紅樓夢話劇集》書影

我們原都是追求淡泊的。有一天我也要這樣做；你會看到一葉輕舟漂呀漂，漂向彼岸，漂向你的身邊；還像半個多世紀前，你我漫步徜徉在重慶歌樂山的蒼松翠柏間，我們談論著《紅樓夢》劇本的改編，你對尤三姐的剛烈倔強形象甚感興趣，你娓娓動聽地講述為我策劃的《血濺鴛鴦》的劇情。等著吧，冰心！這日子不會太久，我已經被病折磨得夠嗆了！[10]

10　趙清閣：《悼冰心》，1999年3月19日《文匯報》。

由於冰心的參謀、鼓勵，趙清閣研究、改編《紅樓夢》有了很大的收穫，她從1943年秋到1985年6月出版《紅樓夢話劇集》，歷時四十餘年。趙清閣改編的《紅樓夢》共有五個劇本，分別為《賈寶玉和林黛玉》（原名《冷月詩魂》）、《晴雯贊》、《雪濺鴛鴦》、《流水飛花》、《樹倒猢猻散》（原名《禪林歸鳥》），收入《紅樓夢話劇集》的為前四個劇本。

<h2>三</h2>

　　抗戰勝利了，1945年10月底，趙清閣回到上海，先後成為《神州日報》副刊《原野》的主編和純文學刊物《文潮月刊》的編委，後又執教於上海戲劇專科學校。

　　趙清閣到了上海，她多麼希望好友冰心也回上海，但是冰心有家裡的一些困難需要解決之後才能走，她一方面向趙清閣打聽上海的房子問題，另一方面告訴趙清閣，她理想的居住地是北平，但也可能到南京。

　　冰心除了向趙清閣打聽房子事，還託趙清閣代領天地社版稅一事，趙清閣則向冰心約稿。

　　1946年3月，老舍和曹禺應美國國務院之邀前往美國講學、遊歷，行前，朋友為之餞行，趙清閣還把老舍送上船，冰心知道後，在信中還專門提了，她為老舍高興呢。

　　之後冰心回到南京，她倆之間的通信仍然很頻繁，說一些各自的見聞，談一談將來的計畫，友情在延續著。

四

趙家璧在他主持的晨光出版公司成立不久，他讓趙清閣主編
女作家小說集，趙清閣向當時的很多女作家約稿，當然也包括冰
心在內。那時冰心正在日本，但是剛到日本的冰心非常忙，也很
想寫小說來還老朋友的心願，她寫道：

> 女作家集，我想寫文章，但我實在太忙了，時間擠不出來。
> 在重慶是發瘧子生活，冷熱不定。在東京簡直是如同日夜發
> 高燒，緊張得很，時空一點沒法控制。[11]

> 我們忙極了。我來後盡為日本人報紙寫文章。他們渴望知道
> 中國文藝界情形，和中國文化界對日態度。我見過很多日本
> 女作家，相當失望，過去她們太受蒙蔽了，不但對中國，對
> 世界大勢也不清楚。於是我天天寫文章，見記者，赴日本人
> 宴會……[12]

> 你叫我寫文章，尤其是小說，我何嘗不想寫，就是時間太零
> 碎；而且雜務非常多。也許我回去時在你的桌上會寫出一點
> 來。[13]

---

[11] 1947年2月4日致冰心趙清閣書信，《冰心文選──書信卷》第76頁。
[12] 約1947年3、4月間冰心致趙清閣書信，《冰心文選──書信卷》第77-78頁。
[13] 1947年4月17日冰心致趙清閣書信，《冰心文選──書信卷》第79頁。

雖然忙，冰心後來完成了女作家集的作品，是小說《無題》，時間已到了1947年9月中下旬：

　　　以上是在輕井澤寫的。本想寫滿四千字再寄給你，日內忙得
　　　要命，接不下去。朱世明太太近來回滬，就託她帶去，怕家
　　　璧著急，先行奉上。[14]

　　大約冰心是最後一個交稿的，她在輕井澤略有空閒的時候完成了這篇小說，出版的速度是驚人地快，這本由趙清閣主編、由12位女作家創作的《無題集——現代中國女作家小說專集》，於1947年10月由晨光出版公司出版。這本作品集，也是趙清閣與當時文壇女作家們友誼的見證。

五

　　冰心和趙清閣彼此關心對方，是她們友情的另一個見證。
　　冰心的身體一向不好，因為血管脆弱而經常吐血，她早期的《寄小讀者》，多數是在病塌上寫成的。在重

▼趙清閣和巴金、冰心、陽翰笙及他們的女兒李小林、吳青、陽永華

---

[14] 1947年9月21日冰心致趙清閣書信，《冰心文選——書信卷》第84頁。

慶的時候，梁實秋曾經開玩笑地問冰心生病等情況。冰心回覆說：「你問我除了生病之外，所作何事，像我這樣不事生產，當然使知友不滿之意溢於言外。」[15]

抗戰勝利後，冰心夫婦到日本，其間傳出冰心病危的消息，她在給趙清閣的信中這樣說：「將來必定有一天我死了都沒人哭，關於我病危的謠言已經有太多次了，在遠方的人不要驚慌，多會真死了才是死……朋友們關心我的請都替我闢謠，而且問好。」[16]

1948年趙清閣到北京，造訪了謝冰瑩、梁實秋、吳景超和龔葉雅夫婦、林徽因等人，她回去之前，清華大學校長梅貽琦第二次請吃飯，席間，梅校長說起冰心，說曾有消息說她病危。趙清閣連忙為她闢謠，大家痛罵報紙缺德，為騙取銷路而妖言惑眾。

冰心和趙清閣身處不同城市，她倆會用紅葉菊花等傳遞友情，當然更不忘關心對方的健康：「從你致放園信，和給我的來信中，知道你又發了關節炎，真是掛念之至。現在有誰在看護你？飲食還合適否？」[17]「得你信很高興，但是知道你那病仍在纏擾著你，又很著急。如今勞逸結合，我看你暫時還是多多休息，比吃什麼藥都好。上海有什麼針灸醫生？或是轉地療養，我看上海這地方對關節炎，多少是不合宜的。」[18]「但是你為什麼又得了肝病呢？我看你還是轉地療養好一些。你經濟有問題嗎？請告訴我……我這些年來倒是身體還好，文藻就常常發燒。所謂

---

[15] 1940年11月27日冰心致梁實秋書信，《冰心文選——書信卷》第13頁。
[16] 1947年4月17日冰心致趙清閣書信，《冰心文選——書信卷》第79頁。
[17] 1956年6月25日冰心致趙清閣書信，《冰心文選——書信卷》第91頁。
[18] 1961年1月3日冰心致趙清閣書信，《冰心文選——書信卷》第97頁。

「無病方為福」，我身在福中，就常常惦記病中的人，希望你快快好起來。肝病休息與營養第一，藥品還是小事，請千萬注意！」[19]「賀年片拜領！高山流水般的音樂也不能解除我對於你摔交〔跤〕的惦念！不再度中風當然好，但像我那樣骨折，也不好受！以後千萬小心，必須用拐杖……」[20]

人一老，開始受到形形式式的病痛的折磨，幸好友情能夠寬慰人的心。趙清閣終身未嫁，冰心對於她的友情就顯得尤為重要，從收入《滄海往事——中國現代著名作家書信集錦》一書朋友寫給趙清閣的書信來看，除了趙清閣生前燒毀了老舍寫給她的很多書信外，保存下來的，要數冰心給她的信最多，有61封，而收入《冰心文集——書信卷》的冰心給趙清閣的信則更多，有102封。這是現代文學史上一筆豐厚的財富，動人的友情，澆灌出友誼之樹常青！

2012年4月2日

---

[19] 1963年2月4日冰心致趙清閣書信，《冰心文選——書信卷》第98頁。
[20] 1986年12月22日冰心致趙清閣書信，《冰心文選——書信卷》第118頁。

豐子愷和黃涵秋的友誼

豐子愷和口琴家黃涵秋是早年就認識的朋友，後來也曾做過同事。在很多歲月裏，他們兩家維持著很深的友誼。

黃涵秋（1895-1964），江蘇崇明人（今屬上海市），名鴻詔，字涵秋，以字行。黃涵秋早年畢業於蘇州工業學校，曾留校任圖案教員，後赴日留學，1926年畢業於日本東京高等師範學校。

豐子愷於1921年春赴日留學。在東京的日子，他的時間排得滿滿的，他自己說：「我年青時在東京，上午學畫，下午學琴，晚上學外文，正是『三腳貓』。」[1]「三腳貓」當然是自謙，豐子愷在東京雖只待了十個月的時間，他的學習非常刻苦。

正是在東京的日子裏，豐子愷認識了黃涵秋，自此成為親密的朋友。

豐子愷和黃涵秋共同的特點都愛喝酒，豐子愷說黃涵秋這人富有閒情逸致，在《吃酒》一文之初，說到他們在日本江之島喝酒時的情形。

江之島在日本東京西南約六十公里處，氣候溫和，風光明媚，有不少名勝古蹟，日本的文人對江之島情有獨鍾，如川端康

---

[1]　豐子愷：《作畫好比寫文章》，《豐子愷文集》第六卷第497頁，浙江文藝出版社、浙江教育出版社1992年6月版。

成等曾在這兒居住過，蘇曼殊在《斷鴻零雁記》中對這一帶的地理風物有著詳細的描寫。

那天風和日麗，他們是乘小火車去的。

在江之島臨海的一面，有一片平地，芳草如茵，柳陰如蓋，中間設著許多矮榻，榻上鋪著紅氈毯，豐子愷和黃涵秋兩人踞坐一榻，他們要的是「兩瓶正宗，兩個壺燒。」對此，豐子愷有著詳盡的描寫：「正宗是日本的黃酒，色香味都不亞於紹興酒。壺燒是這裏的名菜，日本名叫tsuboyaki，是一種大螺螄，名叫榮螺（sazae），約有拳頭來大，殼上生許多刺，把刺修整一下，可以擺平，像三足鼎一樣。把這大螺螄燒殺，取出肉來切碎，再放進去，加入醬油等調味品，煮熟，就用這殼作為器皿，請客人吃。這器皿像一把壺，所以名為壺燒。」[2]

遊學日本的豐子愷與黃涵秋，因為酒而拉近了距離。

有一天，豐子愷在東京的舊書攤無意中看到竹久夢二的漫畫集《夢二畫集・春之卷》，他出神了。畫冊上那些寥寥數筆的小畫，感動了豐子愷，他買了這冊舊書回到寓所認真看了起來，從此他喜歡上了竹久夢二的漫畫，以後每次到舊書攤總會留意夢二的其他畫冊。但是，他的留學夢已經不長了，因為費用有限，到日本才十個月他就回國了，不過他托黃涵秋繼續幫他尋找夢二的其他畫冊《夏之卷》、《秋之卷》和《冬之卷》。後來黃涵秋果然替他購齊這幾種畫冊，另外還幫他買來了夢二的其他畫集《京人形》、《夢二畫手本》等，從東京寄到豐子愷寓居的上海家

---

[2]　豐子愷：《吃酒》，《豐子愷文集》第六卷第709頁。

中。豐子愷說：「我接到時的歡喜與感謝，到現在還有餘情。」[3]
這歡喜，有竹久夢二的漫畫賦予的，也有黃涵秋的友情帶來的。

　　回國後的豐子愷先在上海以教書謀生，接著往浙江上虞白馬
湖春暉中學任教，這時，「子愷漫畫」在正式刊物發表了。1924
年冬，豐子愷離開白馬湖到上海創辦立達中學，次年，立達中學
改名立達學園。1926年夏，黃涵秋東京高師畢業回到上海，暫住
在豐子愷江灣安樂裏的家中。

　　有一天早上，豐子愷與黃涵秋吃著牛乳，坐在籐椅上翻閱李
叔同（弘一法師）的照片，隔壁一個學生上樓來對他們說，門外
有兩個和尚找豐先生，其中一個好像就是照片上的李叔同先生。

　　豐子愷下樓一看，正是弘一法師和他的師兄，他們要在上海
等江西來信，然後赴廬山參加金光明會道場。

　　這天，豐子愷在家裡招待了他的老師弘一法師，然後拿出剛
才的一疊照片來。弘一法師一張張地翻開照片，並給大家說明。
有人問他天津家裡的事，黃涵秋則拿來許多畫來，與弘一法師論
畫，弘一法師有時首肯，有時表示意見。他們談興很濃，這讓豐
子愷意外著，他寫道：

> 寂靜的盛夏的午後，房間裏充滿著從窗外草地上反射進來的
> 金黃的光，浸著圍坐笑談的四人——兩和尚，W[4]和我，我恍
> 惚間疑是夢境。[5]

---

[3]　豐子愷：《繪畫與文學》，《繪畫與文學》第44頁，大象出版社2009年10月版。
[4]　指黃涵秋。
[5]　豐子愷：《法味》，《豐子愷文集》第五卷第28頁。

談著談著，說起弘一法師曾經住過的城南草堂和現在一處講經念佛的地方名超塵精舍，城南草堂裏留下了弘一法師在俗時讀書奉母的幸福時光，超塵精舍也在那一帶，這次弘一法師到上海之後就去了那邊，原來超塵精舍正設在城南草堂中！第二天，他們幾個又去參觀城南草堂，到城隍廟素菜館吃飯，下午還到世界佛教居士林訪問一位居士。

豐子愷在《法味》一文，記下了弘一法師來上海的這些故事，文末，豐子愷說，一回到家，立刻叫人去打酒。我想像著，他和黃涵秋的吃酒又要開場了。

以後，黃涵秋也成了立達學園的教員，推測與豐子愷的推薦有關吧。

豐子愷在《吃酒》一文中寫到他與黃涵秋在上海城隍廟喝酒，就是他們在立達學園任教的時期。豐子愷寫得很有情趣：

> 吃酒的對手還是老黃，地點卻在上海城隍廟裏。這裏有一家素菜館，叫做春風松月樓，百年老店，名聞遐邇。我和老黃都在上海當教師，每逢閒暇，便相約去吃素酒。我們的吃法很經濟：兩斤酒，兩碗「過澆麵」，一碗冬菇，一碗十景。所謂過澆，就是澆頭不澆在麵上，而另盛在碗裏，作為酒菜。等到酒吃好了，才要麵底子來當飯吃。人們叫別了，常喊作「過橋麵」。這裏的冬菇非常肥鮮，十景也非常入味。澆頭的分量不少，下酒之後，還有剩餘，可以澆在麵上。我們常常去吃，後來那堂倌熟悉了，看見我們進去，就叫「過

橋客人來了，請坐請坐！」[6]

　　可以想像，兩個老朋友親密而隨意。

　　1926年暑假[7]，在日本東京高師讀書的錢歌川回國省親，
「在上海遇到高師畢業的同學黃涵秋，他那時在新創辦的上海立
達學園任教，便介紹我給立達學園創辦人之一的豐子愷相識，並
邀我在學園便飯，同席除豐子愷外，還有朱光潛等人。席間，大
家談到章錫琛脫離商務印書館，正計畫另創開明書店，子愷邀我
入股，所以我就成了開明書店天字第一號的股東。

　　因為黃涵秋的關係，豐子愷與錢歌川也成了朋友。

　　1927年10月，魯迅到上海定居。那時，陶元慶也在立達學園
任教，他常去看望魯迅。這年11月27日，豐子愷、黃涵秋和陶元
慶三人一起到景雲里魯迅家裡拜訪魯迅。這一天，魯迅在日記中
記載：「黃涵秋、豐子愷、陶璿卿來。」[8]

　　豐子愷與魯迅，在內山書店經內山完造介紹就初識，這回
造訪，談起《苦悶的象徵》中譯本重複出版的事時，豐子愷抱歉
地對魯迅說：「早知道你在譯，我就不會譯了。」魯迅也客氣地
說：「早知道你在譯，我也不會譯了。其實，這有什麼關係，在
日本，一冊書有五六種譯本也不算多呢。」兩人互相謙虛的這番
對話，後來在文藝界傳為美談。[9]

6　豐子愷：《吃酒》，《豐子愷文集》第六卷第710頁。
7　錢歌川在《追憶豐子愷》一文中說是1923年暑假，似記憶有誤，因黃涵秋是
　　1926年夏高師畢業，開明書店是1926年8月成立，故應為1926年暑假。
8　《魯迅全集》第十六卷第48頁，人民文學出版社2005年11月版。
9　盛興軍主編《豐子愷年譜》第173-174頁，青島出版社2005年9月出版。

不久，豐子愷、黃涵秋和陶元慶負責籌備立達學園美術院西畫系第二屆繪畫展覽會，得到魯迅的大力支持。畫展於12月28日起在福生路（今羅浮路）正式展出，魯迅於畫展開幕前去參觀了，1927年12月17日，他的日記有如下記錄：「午後欽文來，並同三弟及廣平往儉德儲蓄會觀立達學園繪畫展覽會。」[10]

1928年間，口琴從國外傳來不久。黃涵秋是口琴家，這時，他翻譯了川口章吾著的《口琴吹奏法》，他想到請豐子愷作序。起初豐子愷對這種新式樂器並不瞭解，僅僅把它當作新玩具而已，但經過老友黃涵秋等人的介紹和吹奏，尤其在校閱了《口琴吹奏法》後，豐子愷產生了濃厚的興趣。他花了兩塊錢買了一隻口琴，一邊校閱，一邊練習，覺得入門真比別的樂器都容易，效果也很不差，為了普告天下的音樂愛好者，他為這本譯作撰寫了近萬字的長序，題為《一般人的音樂》。他在序言中盛讚口琴的功效，並歸結長處有四點：價格低廉，易於置備；攜帶及使用的便利；口琴用簡譜易於閱讀，比正譜易學易懂；吹奏時容易成腔諧調。這篇文章發表在1928年第1期《一般》雜誌上。黃涵秋譯的《口琴吹奏法》1929年由開明書店正式出版，《口琴吹奏法》出版之後，一度風靡，影響很大，這與豐子愷的作序也有一定的關係。

豐子愷有感於西洋畫界畫風的複雜，他選了西方現代各流派的插畫二十四幅，又為各派作說明文字，連載在1928年的《一般》雜誌上，後來經豐子愷文字修改，又加了十八幅插圖，定名

---

[10] 《魯迅全集》第十六卷第52頁。

為《西洋畫派十二講》，於1930年3月由開明書店出版。在1929年暮春寫的該書的卷首語上，有這樣的話：「關於插圖的搜集和製版，得友人黃涵秋和錢君匋二君的助力甚多。又蒙開明書店允為製三色版十餘幅，共附插圖四十餘幅，印行本書。私心感謝，一併致謝！」[11]好朋友之間的親密合作，給出豐子愷帶來了藝術成果。

1928年暑期開始，立達學園因經費困難，停辦西洋畫科，豐子愷不再任課。豐子愷寫信給杭州西湖藝術專科學校校長林鳳眠，介紹教師陶元慶、黃涵秋及西畫系的學生數十人加入西湖藝專學校，林鳳眠不僅全部接納，還力邀豐子愷同去，但豐子愷婉拒。

雖然不在同一城市，豐子愷與黃涵秋繼續保持著聯繫，1929年歲末，他們合作完成《告初學美術的青年》一文，發表在1930年3月《中學生》第三期上，署名黃涵秋、豐子愷。

1930年農曆正月間，豐子愷遭母喪。這年春天，全家遷往嘉興，住楊柳灣金明寺弄四號。這時黃涵秋也移居到了嘉興。豐陳寶曾回憶兒時情景，寫了一些故事：

> 當時嘉興的南門比較冷靜，金明寺弄地點尤為偏僻，因此少有來客。但有一位常客，那就是當時也住在嘉興的、父親的好友口琴家黃涵秋。他也是子女眾多的，總是全家一起來玩一整天。兩家的子女十來人，有時共同學習，有時一起遊戲，可有勁啦！父母親也常常帶我們去黃先生家玩。他們家瀕臨南湖，記得裏面一面房裏地上有一扇門，開門便是石

11 豐子愷：《〈西洋畫派十二講〉卷首語》，《西洋畫派十二講》第160頁，湖南文藝出版社2002年六月版。

階，通向南湖，可在湖裏洗衣洗菜。週末兩家還常相約同遊南湖，在煙雨樓喝茶，欣賞湖上美景。[12]

▼嘉興南湖（浦愉忠 攝）

寧靜的嘉興歲月，秀麗的南湖風光，使得豐子愷和黃涵秋的關係更加親密了。

以後的日子，豐子愷和黃涵秋在一起的記錄不多，抗戰中，豐子愷顛簸於各地，1942年，豐子愷應工筆畫家陳之佛之邀到重慶任國立藝術專科學校教員兼教務主任，於是有了在重慶的「沙坪小屋」，差不多這個時候，豐子愷以黃涵秋為原型，畫了一幅漫畫《暢適》。坐在籐椅中的這位老兄，兩隻腳都未著地，一隻腳高高翹起擱在另一隻腳上，這是黃涵秋到豐子愷家時經常看到的坐姿。接下去，「沙坪小屋」裏便是好朋友之間的閒聊了。

▼杭州合影（約1947年），左起：黃涵秋、陳之佛、豐子愷

---

[12] 豐陳寶：《豐子愷在嘉興》，《寫意豐子愷》第258-259頁。

▼豐子愷漫畫《暢適》

　　抗戰勝利之後　，還可見到一幀豐子愷與黃涵秋、陳之佛在杭州的合影。他們的關係更密切了。

　　新中國成立後，黃涵秋歷任無錫、丹陽、鎮江、南京等地大專、中學教職，1964年病逝於南京。

2012年2月

巴金和豐子愷

巴金和豐子愷的交往不多。照巴金的說法，他們完全可以成為很好的朋友，因為在當時，他們同為開明書店出書較多的作者，有一些共同的朋友，巴金還認為，他們同是人道主義者，這些都可以讓他們成為朋友的理由，不過他們確實沒有多少交往。

豐子愷長巴金六歲，當1924年巴金在南京求學時，豐子愷的漫畫開始發表了，和很多人一樣，巴金也喜歡上了這些漫畫。1925年12月，豐子愷的第一本畫集《子愷漫畫》出版，1926年，豐子愷和朋友一起創辦了開明書店，這年，《子愷漫畫》由開明書店重新出版，並且連續再版。以後，豐子愷在開明書店又陸續出版了多種漫畫集。1931年1月，開明書店為豐子愷出版了第一本散文集《緣緣堂隨筆》。由此，豐子愷和開明書店結下了很深的淵源。

巴金的創作也和開明書店有很深的關係。

1927年1月，巴金和朋友衛惠林一起離開上海前往法國，留法期間，完成了第一部小說《滅亡》的寫作，當時，巴金將小說寄給正在開明書店做事的朋友索非，準備自費出版，索非將小說交給當時正在主持《小說月刊》編務的葉聖陶，當1928年12月巴

金從法國歸來時，從索非那裏得知《滅亡》在《小說月刊》連載。1929年10月，開明書店為巴金出版了單行本《滅亡》。

這時候，巴金和豐子愷還不認識，但巴金常常聽索非說起豐子愷，說他「善良」、「純樸」，並且，巴金非常喜歡豐子愷漫畫中表現出來的純真的孩子般的心，由此，豐子愷給巴金留下了極好的印象。

1930年，巴金翻譯的克魯泡特金（Peter Kropotkin）的《我底自傳》脫稿。巴金為這本傳記付出了很多心血，書前15幅插圖都是巴金苦心從國外覓得的，並且，他在譯述的同時還加了許多注解，以幫助讀者瞭解歷史背景。接著，他托索非轉請豐子愷為這本書題寫了封面字。

豐子愷與開明書店關係密切，他是開明書店的創辦者之一，當時，豐子愷生活困難，開明書店給予了很多照顧，這從豐子愷給朋友的信中略知一二：「因弟過去所虧欠之債達千餘元，目下已非設計歸還不可。又要還債，又要顧生活，經濟上實甚窘迫。（歷年常向開明透支，幸蒙章君補助。）」[1]

由於索非的聯繫，豐子愷爽快地答應了那時還並不相識的巴金的要求，當時豐子愷寓居嘉興楊柳灣。拿到豐子愷的手跡，巴金心裏充滿了歡喜。這部印數很少的珍貴的初版本《我底自傳》，把兩位名家聯繫在了一起。

巴金和豐子愷的名字也曾同時出現在鄭振鐸編的《文學》月刊1934年1月「新年號」專號上，除了他倆之外，還有冰心、老

---

[1] 1929年10月17日豐子愷致汪馥香信，《豐子愷文集·七》第167頁，浙江文藝出版社1992年6月版。

舍、郁達夫等，這是一期名家的專號。1934年1月1日，巴金、靳以主編的《文學季刊》創刊，豐子愷被聘為《文學季刊》特約撰稿人，創刊號上豐子愷發表了隨筆《詩人的平面觀》。1936年10月1日，上海新舊各派作家二十一人共同發表了《文藝界同人為團結禦侮與言論自由宣言》，號召文藝界同人團結起來，一致對外反對日本侵略者，這二十一人中就有巴金和豐子愷。抗戰爆發後，茅盾、巴金主編的《烽火》週刊創刊，豐子愷曾在《烽火》上發表了不少漫畫和短文。

抗戰時期，在重慶的開明書店他們見過，以後，巴金還和一位朋友到豐子愷的「沙坪小屋」看過他。「沙坪小屋」是豐子愷在沙坪壩的租地上建的三間小屋，極其簡陋，牆是竹製的，屋外的一片空地，用籬笆圍起，作為庭院，庭院裏，豐子愷種起了番茄、蠶豆和芭蕉，還養起了狗、貓、鴨等，庭院之外，是荒野和山丘，真正是一派田園風光。生活很簡樸，但這樣的生活也充滿了情趣，豐子愷在亂世中還保持著怡然的心情，巴金很是欣賞。因為喜歡子愷及其漫畫，後來，巴金到成都時，在成都的開明書店買了一幅豐子愷的漫畫送給一位堂兄弟。

新中國成立後，同為上海文藝界領導，大家見面的機會比較多。豐子愷以53歲的高齡開始學習俄語，翻譯了三十多萬字的《獵人筆記》，當他們幾次見面說起這些時，巴金心裏充滿了對豐子愷的敬佩之情。

1962年5月，上海第二次文代會召開之際，巴金為上海作協主席，豐子愷為上海美協主席兼中國畫院院長，由於他們各自特殊的身份，他們在第一天先後作了發言。

巴金除了致開幕詞外，他還是第一個上臺發言的，題目是《作家的勇氣和責任心》，巴金反對有人製造簡單的框框，反對套話空話，他希望大家站出來「說真話」，認為「做一個作家必須有充分的勇氣和責任心」。

　　接著豐子愷作了題為《我作了四首詩》的發言，他朗誦了四首詩，最後一首是這樣的：「名言至理可出紳，藝苑逢春氣象新。二十年來多雨露，百花齊放百家鳴。」

　　對於這首詩，豐子愷作了一點補充：

　　百花齊放已經號召了很多年，並且確實已放了許多花。但過去所放的，大都是大花、名花，大多含有意義……還有許多小花、無名花，卻沒有好好地放。「花不知名分外嬌」，在小花、無名花中，也有很香很美麗的，也都應該放，這才真正的是「百花齊放」。再說：承認它是香花，是應該放的花，那麼最好讓它自己生長，不要「幫」它生長，不要干涉它。

▼豐子愷漫畫《剪冬青的聯想》

　　……株株冬青，或高或低，原是它們的自然姿態，很好看的。但有人用一把大剪刀，把冬青剪齊，彷彿砍頭，弄得株株冬青一樣高低，千篇一律，有什麼好看

呢？倘使這些花和冬青會說話，會暢所欲言，我想它們是一定會提出「抗議」的。[2]

可是樹欲靜而風不止。風向很快就變了，這些原本很正常、正義的發言，激怒了一些極端分子，很快被人曲解了，說巴金是覺得創作不自由，而對豐子愷「大剪刀」的說法也有了批評，連不久之後豐子愷發表在《上海文學》的《阿咪》一文也受到批評，認為文中的「貓伯伯」是影射毛主席，因為江浙一帶口語，「貓」和「毛」是同音。

同時受到批判的，除了豐子愷的《阿咪》之外，還有王西彥的《湖上》、魏金枝的《寓言選擇》、羅竹風的《雜家》、師陀的劇本《伐竹記》等，這些都曾是《上海文學》是發表過的作品，而巴金正是《上海文學》的主編，形勢的突然變化，給當事人的心靈蒙上了陰影。

「文革」開始後，巴金和豐子愷共同的命運是受到大字報的批判，然後是進「牛棚」，他們成了同病相憐的一對。

豐子愷受到的批判要早些。「文革」開始之初，他即遭到隔離審查，他的家被抄，書畫、財物等被沒收，存款被凍結，他在陝西南路西班牙式的三層小洋房「日月樓」的底層退租，另外住進了人家，鋼琴間、磨子間也不再歸豐家。

對豐子愷的批判形形式式，卻又都無中生有。說《昨日豆花棚下過，忽然迎面好風吹》一畫是歡迎蔣匪反攻大陸，因「好

---

[2] 劉英：《豐子愷》第154頁，湖北人民出版社2002年4月版。

風」者，好消息也。《炮彈作花瓶，人世無戰爭》這畫是迎合日本帝國主義和國民黨的需要，《轟炸》一畫，原本是用來揭露、控拆日本侵略軍暴行的，卻說是為國民黨的投降叛國行為製造輿論。此外，他們還出專刊，如《打倒美術界反共老手豐子愷》、《砸爛美術界反共老手豐子愷》等。豐子愷被誣為「反動學術權威」、「反革命黑畫家」「反共老手」等等，甚而成為上海市十大重點批鬥對象之一。以後，豐子愷不得不每天去畫院，交待問題、接受批判。

　　1966年8月，巴金在參加完亞非作家北京緊急會議後回到上海，他到作協開會。開會的任務是批判葉以群，葉以群沒到會，但不久便跳樓自殺了。開會那天，巴金被邀請坐在「上座」，他一抬眼，看到大廳裏掛著批判他的大字報。巴金擔心著自己和家人的命運，但顯然已是在劫難逃了，8月他也進了「牛棚」，9月中旬又被抄家，接著他也被戴上「反動學術權威」的帽子。

▲巴金回憶自己「文革」經歷的文章《二十年前》的手稿

回憶那段日子，巴金的筆調異常沉重：

> 我是六六年八月進「牛棚」，九月十日被抄家的，在那些夜晚
> 我都是服了眠爾通才能睡幾小時。那幾個月裏我受了多大的折
> 磨，聽見捶門聲就渾身發抖。但是我一直抱著希望：不會這樣
> 對待我吧，對我會從寬吧；這樣對我威脅只是一種形式吧。我
> 常常暗暗地問自己：「這是真的嗎？」我拼命拖住快要完全失
> 去的希望，我不能不這樣想：雖然我「有罪」，但幾十年的工
> 作中多少總有一點成績吧。」[3]

　　巴金最初蹲的那個「牛棚」，設在作協的資料室，和他一起
的，有作家柯靈、白危等。這樣，巴金這個不領國家薪水的人，不
得不每天到「牛棚」上班。每次去作協，路過豐子愷「日月樓」的
弄堂口，他向人打聽，知道豐子愷早就受到批判和折磨了。他回憶：

> 我還記得有一天到「牛棚」去上班，在淮海中路陝西路口下
> 車，看見商店旁邊牆上貼著批判豐子愷大會的海報，陝西路
> 上也有。看到海報，我有點緊張，心想是不是我的輪值也快
> 到了？[4]

---

[3] 巴金：《十年一夢》，《隨想錄》第291-292頁，生活·讀書·新知三聯書店
1987年8月版。
[4] 巴金：《懷念豐先生》，《隨想錄》第283頁。

以後巴金也受到了批鬥，當他再次看見豐子愷的時候，心裏堅強了：

> 批鬥以後我走過陝西路搭電車回家，望見那些西班牙式洋房，我就想起豐先生，心裏很不好過：我都受不了，他那樣一個純樸、善良的人怎麼辦呢？！一天我看見了他。他不拄手杖，腋下夾了一把傘，急急地在我前面走，鬍子也沒有了，不像我在市政協學習時看見他的那個樣子。匆匆的一面，他似乎不曾看見我，我覺得他倒顯得年輕些了。看見多一個好人活下來，我很高興，我以為他可以闖過眼前的這一關了。[5]

確實，豐子愷以他的一顆佛心對待塵世，從最初的「勞心」漸漸不為塵世所累，又變得自得其樂了。

豐子愷曾經很無奈地告訴友人：「弟近日全天辦公，比過去忙碌。而人事紛煩，尤為勞心……但得安居養老，足矣。」[6]「弟托庇粗健，惟開會學習，早出晚歸，生涯忙迫而已。」[7]

後來，這些在他眼裏已經不重要了：

> 豐先生似乎永遠戴著牌子。一次，我乘26路電車，恰逢他從陝西路站上車，胸前赫然戴著「反動學術權威豐子愷」的標誌牌，車上許多人圍著他起哄，有人高喊打倒他；豐先生並

---

5   巴金：《懷念豐先生》，《隨想錄》第283-284頁。
6   1967年2月25日豐子愷致廣洽法師信，《豐子愷文集‧七》第347頁。
7   1969年1月29日豐子愷致廣洽法師信，《豐子愷文集‧七》第348頁。

不在意，自管自緊拽車頂扶杆，紋絲不動，眼睛定定地眺望窗外，人站得筆直，像塊厚實的木板。我想，他也許真的四大皆空了。[8]

對於現狀，豐子愷也更加淡定泰然：「我近來相信一條真理：退一步海闊天空。退一步想，對現在就滿足，而心情愉快。」[9]「弟庇粗健，閒居養生，事事如意。」[10]

雖然處境艱難，但豐子愷不忘做一些有意義的事。1969年起，利用清晨四五點鐘的時光，豐子愷又拿起他的畫筆，畫出一幅幅的漫畫，這些畫後來被名為《敝帚自珍》。1971年，在很多個晨曦裏，他完成了《往事瑣記》的寫作。《往事瑣記》共三十二篇隨筆和一篇箚記，後改為《續緣緣堂隨筆》，最後定名為《緣緣堂續筆》，收入《豐子愷文集》。因為有這許多的收穫，豐子愷的心情是愉快的，他在1972年6月21日給學生魏風江的信裏這樣寫道：「叨天之福，老而

▲《敝帚自珍》之一：翠拂行人首

8　方堅：《風雨憶故人》，《寫意豐子愷》第220頁，浙江文藝出版社1998年8月版。
9　1969年5月17日豐子愷致豐新枚信，《豐子愷文集・七》第557頁。
10　1973年6月29日豐子愷致廣洽法師信，《豐子愷文集・七》第355頁。

彌健，茶甘飯軟，酒美煙香，不知老之將至也。」[11]

1973年，為完成老師弘一法師的重託，豐子愷又冒險進行「地下活動」，創作完成《護生畫六集》100幅。他對佛教居士朱幼蘭說：「繪《護生畫集》是擔著很大風險的，為報師恩，為踐前約，也就在所不計了！」[12]

正如巴金所想，依豐子愷這樣的性格，他應該是可以安然度過這個難關的，但是，形勢依然不容樂觀。

1974年4月，批黑畫運動開始後，豐子愷的畫又無緣無故地受到批判，有一工廠中貼出一張大字報，說豐子愷寫蘇曼殊詩意的「滿山紅葉女郎樵」，是諷刺。紅是紅中國，樵取紅葉，即反對紅中國。這年兩次開豐子愷的批判會，一次在畫院，一次在天蟾舞臺。命運多舛的日子，前景茫茫。

1975年9月，已經停止業務工作九年的上海作協，將工作人員分別安插到各個單位，巴金被安排到上海人民出版社編譯室英文組。他剛到出版社，就遇見豐子愷幼女豐一吟，才知道豐子愷患癌症住在醫院。在1969年豐子愷被迫到鄉下改造時，他是拿地當床天當被的，艱苦惡劣的生活條件終於把豐子愷這個七十多歲的老人擊倒了，他患上了中毒性肺炎，肺病大概就此在老藝術家身上落下了根。

不久，巴金得到豐子愷病逝的消息。上海為豐子愷開過兩次追悼會，但巴金都沒有參加，1975年9月那次，巴金還沒解放，1978年6月那次，巴金在北京開會。沒能到豐子愷靈前獻一束鮮

---

[11] 1972年6月21日豐子愷致魏風江信，《豐子愷文集·七》第706頁。
[12] 轉引自劉英：《豐子愷》第131頁，湖北人民出版社2002年4月版。

花，巴金始終覺得遺憾。最後巴金說，優秀的藝術家永遠讓人懷念。這話同樣適用巴金自己。

2011年11月初稿
2012年1月修改

龔寶銓和章太炎

龔寶銓，字未生，號薇生、味蒸、味生，別號獨念和尚。浙江嘉興人，光復會創始人之一。

龔寶銓是國學大師章太炎的學生，又是愛婿，同時他倆更是志同道合的革命家。章太炎七被追捕三年入獄，龔寶銓亡命日本，都是為了光復、革命。但是，直到今日，對於他倆之前的關係，並沒有一個清晰的認識，本文試圖對此進行一個梳理，還原一些歷史片段。

▲龔寶銓

一、神龍見首不見尾

似乎沒有史料明確地告訴我們龔寶銓和章太炎認識的具體時間，但是，經過對史料的爬梳，我們還是能夠大致地作個推斷的。

1900年，八國聯軍入侵，義和團奮起反抗，少年龔寶銓的心裏就有了光復的志向。1902年，17歲的龔寶銓東渡日本。1903年春，抗法拒俄運動展開，東京留學生組成「軍國民教育會」，

龔寶銓和黃興、鈕永建、陶成章、楊篤生、湯爾和等都是當時的成員。上海同樣有這樣一批人，在張園召開拒俄大會，當時在愛國學社任國文教員的章太炎也到會參加了，他們同聲相應，同氣相求，互相倡和。隨後，東京軍國民教育會中一些人秘密組織暗殺團，黃興、陳天華、龔寶銓等都是當時的成員。1903年6月，「《蘇報》案」發生，章太炎、鄒容相繼入獄，浙江留日同鄉會在東京集會，商量營救章太炎，徐錫麟大約是這時候與龔寶銓認識的。營救章太炎當然是徒勞的。這時的章太炎和龔寶銓應該還不認識，但章太炎的大名在龔寶銓定是熟知了。

這年，章太炎已育有三個女兒，長女章㸚（音麗），次女章叕（音綽），三女章㙞（音展）。二女兒自2歲時就過繼給了伯父，這時因為妻子亡故、章太炎入獄，11歲的大女兒和5歲的小女兒也一起跟著伯父生活、受學。成年後，大女兒表字蘊來，三女兒表字穆君或曰皇君，由於章太炎這三個女兒本名的難讀難寫，下面的行文盡可能採用以字行的辦法。

在杭州原有「浙學會」，鼓吹革命，1903年11月，在東京的浙學會成員開會，醞釀成立反清秘密革命團體，並且決定派陶成章、魏蘭分往浙皖，龔寶銓去上海，沈毓民和當時在上海的張雄天到湖南等開展活動。1904年7月上旬，秋瑾赴日，很快結識了龔寶銓等人，這年秋瑾30歲，龔寶銓19歲。11月，龔寶銓、秋瑾等人在日本加入「三合會」。不久，龔寶銓回國，在上海成立「暗殺團」，他與在浙江的陶成章、在湖南的黃興等暗中聯絡。由於暗殺團力量單薄，又根據東京浙學會的原議，龔寶銓、陶成章等決定組織一革命團體，這就是「光復會」，會長為享有聲望

的蔡元培。當時章太炎在獄中，還曾致書蔡元培推動此事的發展。1905年7月，「同盟會」在東京成立。

由於這一系列的活動，這一階段的章太炎，對龔寶銓而言，可謂神龍見首不見尾，聞其名不識其人。

在1904年，還有一事需要說的。這年，陶成章回國在杭州白話報館，用一個多月的時間寫成《中國民族權力消長史》，同年由中華書局出版，此書後被令銷毀。「《中國民族權力消長史》，署名「會稽先生著述，獨念和尚、悠悠我思編輯校對」。「獨念和尚」就是龔寶銓，「悠悠我思」是陳大齊（百年），海鹽人。」[1]我們都知道龔寶銓後來信佛，有「獨念和尚」的稱號，那麼在1904年，這個名字已經存在了。讓人尋思的是，那時的龔寶銓在「念」著誰？既然「念」著某人，卻又稱「和尚」，在我看來多少是有些絕望的意思在裏面的。分析這一點，我們是想知道日後是否對他的婚姻產生了影響。又據說，清代蘇州有一個「一念和尚」，從事反清複明的活動，這又與龔寶銓是否有什麼關係呢？真是撲朔迷離。

1905年5月，徐錫麟、陶成章、龔寶銓在紹興建立大通師範學堂。11月，他們幾個人又分別捐官，然後去日本學習陸軍。在日本，龔寶銓與秋瑾、徐錫麟、陶成章、陳伯平等六人結盟。因學習陸軍受阻攔，大約半年後又回國，龔寶銓和陶成章去了蕪湖中學堂任教。

---

[1]　文字摘自范笑我部落格http://blog.sina.com.cn/s/blog_6004a7c90102drxe.html。

二、章太炎嫁女

▲章太炎1909年在日本。

1906年6月29日，章太炎出獄，被同盟會成員接到了日本，擔任《民報》主編。8月，國學講習會成立。

1907年7月，浙皖起義，徐錫麟在安慶死難、秋瑾在紹興師範學堂被捕就義。「浙江巡撫安慶通電，謂龔味蓀與秋瑾同是革命，均應查拿。龔寶銓與陶成章亡命日本。」[2]

應該是先期工作的鋪墊，章太炎和龔寶銓真正見面認識了，並且龔寶銓開始跟著章太炎學習，成了章的門生。

魯迅等是這個時候起成為章門弟子的。周作人在他的文章裏有過敘述：「往民報社聽講，聽章太炎講《說文》，是一九〇八到九年的事，大約繼續了有一年少的光景。這事由龔未生發起的，太炎當時在東京一面主持同盟會的機關報《民報》，一面辦國學講習會，借神田地方的大成中學定期講學，在留學界很有影響。魯迅與許季茀和龔未生談起，想聽章先生講書，怕大班太雜遝，未生去對太炎說了，請他可否於星期日午前在民報社另開一班，他便答應了。」[3]由於龔寶銓的聯繫，章太炎單獨給他們開

---

[2] 文字摘自范笑我部落格http://blog.sina.com.cn/s/blog_6004a7c90102drxe.html。

[3] 周作人：《民報社聽講》，《追憶章太炎》第208-209頁，三聯書店2009年4月版。

課，弟子有八人。從這件事來看，比起魯迅、周作人、許壽裳等人來說，龔寶銓與章太炎先要熟悉多了。

章太炎來日本後，這才與女兒取得通信聯繫，「余違難抵日本東京，始通書存問，又四年，㸌東行，余教之詩，不深好也。適嘉興龔寶銓，年十七矣。」[4]從上面這句話來看，章蘊來來到日本的時間是在1910年。這年，章蘊來虛齡18歲。

坊間傳說，章太炎為了賣弄自己的才學，給三個女兒分別取了三個生僻至極的字作為她們的名字，並且要求，想娶他女兒的，得認識他女兒的名字，結果沒有媒人敢來提親。

舊時女子十五為及笄之年，可以許配人家，章蘊來18歲了還未出嫁，估計做父親的也急了，他把女兒許配給了自己的門生。章太炎是先許婚，再把女兒接到日本的，章太炎最小的女婿朱鏡宙回憶：「先生既以長女㸌許字嘉興龔寶銓，遣海鹽朱逷先生歸國相迓。內子皇君為先生小女⋯⋯時皇君年僅十一耳。」[5]章太炎小女兒11歲那年，正是1910年。

▼龔寶銓夫婦畫像

到日本的章蘊來和龔寶銓有了初次的見面。應該是之後不久吧，章太炎帶了大女兒、三女兒和龔寶銓在外面吃飯，餐後，他留下大女兒，只把

4　章太炎：《亡女㸌事略》，《章太炎全集》第五卷第198頁，上海人民出版社1985的2月版。
5　朱鏡宙：《章太炎先生軼事》，《追憶章太炎》第135-136頁。

三女兒帶回家。這頓飯就是龔寶銓和章藴來的婚宴。

龔寶銓在1910年還做了一件很重要的事，就是為秋瑾編《秋女士遺稿》。編輯遺稿這樣的事，估計從秋瑾就義後就已經斷斷續續地開始了，因為遺稿的搜集是件比較困難的事。讓人疑惑的是，龔寶銓熱心於此事，而在1915年寫的《龔味蓀自敘革命歷史》一文中，他提到了很多同道，對秋瑾，卻隻字未提。是無意的忽略，還是有意地回避呢？顯然，忽略是不可能的，這麼說來，他確實在回避著什麼。

1911年10月武昌起義，11月，章太炎偕女兒、女婿等一起回國。

三、 龔寶銓：多病與性情

龔寶銓回國後，遇1912年1月14日陶成章被殺事件，思想受到影響，對世事已經不再那麼熱衷了。只是在1916年討伐擁護袁世凱的浙江都督朱瑞時，龔寶銓又參與了謀劃，其後被選為參議會議員，又被選為副議長等職。

龔寶銓多病。他在《龔味蓀自敘革命歷史》一文中，多次提到他在日本時多病的景況。回國後，龔寶銓夫婦寓居西湖，「未生歸，病甚」[6]則病更重了。章太炎又說：「民國元年夏，復與寶銓同赴東京治疾，逾年歸。」[7]推測這裏不是國民元年（1912）夏，而是民國二年（1913）的事。從范笑我等人自浙江圖書館拷

---

[6] 章太炎：《龔未生事略》，《章太炎全集》第五卷第200頁。
[7] 章太炎：《亡女焱事略》，《章太炎全集》第五卷第198頁。

貝的檔案看：民國二年四月十四日指令：「浙江圖書館長龔寶銓，四月九日呈稱夙罹胃疾，歷久未痊，請給假東渡求醫，所有館長任務暫由館員章篯代理等。」[8]也就是說，大約1913年春夏，章蘊來陪同龔寶銓到東京治病，到第二年才回國。

如果照章太炎文章稱，龔寶銓是1912年夏前往日本看病，到1913年回來，那麼1913年4月檔案上說，龔寶銓又要求赴日看病，就有些說不通了。檔案是沒有問題的，章太炎的回憶可能有些失誤。另一件事也可以印證這一點，1912年4月起，龔寶銓擔任浙江圖書館副理（副館長），1912年12月18日，浙江都督朱瑞簽署《委任狀》，委任龔寶銓為浙江圖書館館長，那麼1912年12月，龔寶銓應該在任上，委任狀不太可能委任給一個出國求醫的人。

那麼龔寶銓得的是什麼病？為何病一直沒好？從前面浙江圖書館拷貝的檔案看，他先期得的應該是胃病，這可能與他年輕時奔走四方、風餐露宿而饑一頓飽一頓有關。

胃病不容易治好，這是事實。後來龔寶銓因肺病故世，從中醫和五行來說，這兩病其實是密切相關的，胃屬土，肺屬金，五行土生金，土不旺而無法生金（母病及子），胃病重了長期不癒，肺也會得病，就是這個道理。

好友的被害，還可能多病的原因，促使龔寶銓不再熱心政事，以致後來茹蔬奉佛了。而長年多病，必定又影響到他自己的心情，可能還間接地影響了他夫人的心情，後文說到，兩人性格都比較抑鬱，恐怕與此不無關係。

8　范笑我部落格：《浙江省圖書館拷貝的龔寶銓檔案六件目錄》。

四、書信往返

▲1913年6月，章太炎與湯國梨在上海舉行
婚禮

因為反對袁世凱稱帝，章太炎在與第二任夫人湯國梨結婚後僅一個多月，1913年8月，在他入京後被袁世凱軟禁了起來。現存一批章太炎軟禁在北京期間給龔寶銓的書信，最早出現的一封信寫於1914年5月，是委託龔寶銓辦理身後事的。

因為無端地被軟禁，身體失去自由，章太炎悲愁過度，在1913年10月給夫人的信中首次說到了「死」。以後的日子更是歸途無望，在1914年初，他在給夫人的信中再次說到「死」：「有生之樂既盡，厭世之心遂生，唯有趣入死地耳。」[9]後來，帶去的錢也用完了，他不想借錢，也不想家中寄錢，且當時又不許他的學生、朋友來看他，他準備以絕食來爭取自由，他估計到6月大概是餓死了，甚至斷言：「吾死之後，中華文化亦亡矣。」[10]在1914年5月22日給夫

---

[9] 1914年1月24日章太炎致湯國梨書信，《章太炎書信集》第540頁，河北人民出版社2003年1月版。

[10] 1914年5月22日章太炎致湯國梨書信，《章太炎書信集》第545頁。

人的信末，他附上在京的家中書籍清單，包括自著書目，並且要
夫人讓龔寶銓一起幫忙料理後事。

　　既然他認為的死
期已不遠，於是寫下
遺囑，並且在1914年
5月23日，他給女婿
龔寶銓寫下長信，很
希望女婿給他找一處
墓葬地，同時交代自
己著作的情況，並且
要女婿給予家庭的照
顧。不過這封長信連

▼章太炎致龔寶銓書信手跡

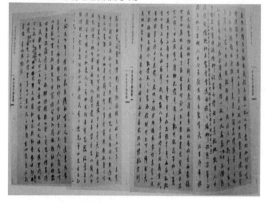

同遺書都被監視章太炎的巡警總監吳炳湘阻攔而未能發出[11]，因
此，實際上，當時龔寶銓並沒有看到這封信。

　　有史料顯示，在章太炎被扣壓書信之後，有京師員警廳發給
龔寶銓的函：「昨忽有（章太炎先生）致閣下函一件，本廳照章
檢閱，語多妄誕，有礙章君前途，未便代為封寄，業予扣留，特
此函告。」[12]事件可能發生於那個時候。

　　章太炎絕食未死，袁世凱害怕擔上害死國學大師的罪名，
同意章太炎由原來的龍泉寺移居東四牌樓某醫生家。大約既然無
法回上海，章太炎有了長居北京的想法。不久，章太炎看定錢糧
胡同四號的房子，計畫家屬來京，這需要一大筆錢。為了開支的

---

[11]　見《章太炎年譜長編》第475頁，中華書局1979年10月版。
[12]　轉引自戴海斌：《袁世凱軟禁章太炎事蹟考》，《北京檔案史料》2003年第2期。

事，他又寫信給龔寶銓，讓龔設法籌措三年的北京家庭開支費用兩萬，實在有困難，至少籌個三千作為半年的費用也行。同日，也給夫人寫信，說的是差不多的內容，並且關照啟程行式，帶哪些僕人，箱床書瓶怎麼帶等，說得很詳細。

章太炎極想夫人湯國梨來京，不過湯國梨擔心袁世凱詭計多端，遲遲沒有動身，接著章太炎又接連多次寫信給龔寶銓，一方面，他不停地催促龔寶銓勸夫人上京：「足下宜勸內人早定行計，一面訪問君默、堅士何時攜眷入京，即以同行為妙。」[13]「急當告知內人速與兩沈夫婦同行。」[14]「前書勸內人與沈氏兄弟同行，想能同意，此後嫌疑當能盡釋也。行程若猶未定，望速赴上海尋張伯純夫婦，為之解喻，以伯純素為內子所信服耳。」[15]另一方面，章太炎最關心的是他的藏書和自著書，多次要龔寶銓先寄《文始》、《小學答問》到北京，尤其是《訄書》，需要再作修改，希望能盡早寄到。

因為夫人不上京，以後章太炎便催促龔寶銓到京，並多次要求：「足下雖病，此事宜勉強一行。」[16]「足下速赴滬，將吾所有衣箱什器書籍，一概付運來京。」[17]「足下總須抵滬一行，勸行者未必有效，而運送物件，非足下親臨不可也。」[18]

---

[13] 1914年5月15日章太炎致龔寶銓書信，《章太炎書信集》第588頁。
[14] 1914年7月24日章太炎致龔寶銓書信，《章太炎書信集》第589頁。
[15] 1914年某月某日章太炎致龔寶銓書信，轉引自黃振萍《章太炎、湯國梨與龔寶銓往來書信四通》，《文獻季刊》2008年10月第4期。
[16] 1914年8月11日章太炎致龔寶銓書信，《章太炎書信集》第589頁。
[17] 1914年8月16日章太炎致龔寶銓書信，《章太炎書信集》第590頁。
[18] 1914年9月15日章太炎致龔寶銓書信，《章太炎書信集》第590頁。

章太炎頻繁地催促，讓龔寶銓很是為難，前面說過，龔寶銓多病，此時的他甚至病得不輕，他在給湯國梨的信中說到他不能上京的情況：

> 外姑大人尊前：昨上一函，計可達到。刻接朱逖先兄來函，於外舅現狀，言之甚詳，茲特抄奉。朱君囑銓等往京，事本甚善，惟銓近來身體外觀上較前稍形強健，而精神終未復原，夜唾聞聲，不能成寐，步行裏許，即覺疲勞。內人每至冬季，胃口不開，常患嘔吐。今若束裝北行，預計行程極速須兩日夜。際此天寒，深慮途中生疾病，於事毫無裨補。故行止二字，現尚躊躇莫決，惟觀外舅近狀殊形危險，銓意屬救急計，唯有請外姑先行赴京。銓一面再與春伯、仲銘兩伯外舅商量，令小姨同往（實則小姨之去關係尚不甚重）。至善後之策，容後從長計議。銓與外姑等情關至戚，無事不可商量。外姑入京後南方之事，銓苟力所能及，當無不代為辦理。外姑如以為然，請即示複，銓當來申接洽一切也。此請鈞安。
>
> 　　　　　　　　　　　　　　　　龔寶銓啟
> 　　　　　　　　　　　　　　　十二月二十六日[19]

根據信中相關內容推測，此信寫於1914年12月26日。這年冬天，龔寶銓和夫人身體都很差，無法上京，過了這個冬天，1915

---

[19] 某年12月26日龔寶銓致湯國梨書信，轉引自黃振萍《章太炎、湯國梨與龔寶銓往來書信四通》。

年3月29日，章太炎給夫人寫信，告訴她女兒女婿上京的計畫，並要她一起前來相聚：「近日長女蘊來及未生婿皆已決定來京，與次女穆君會於上海，相偕前往迎君。近日京城無事，氣候異和暖，適人思君正亟，君必當偕兩女前來，弗負此苦念也。」[20]同去的實為小女，故上面「次女」為筆誤。

不過，最後只是龔寶銓攜夫人章蘊來、妻妹章穆君赴京與章太炎相會，湯國梨還是沒有到北京。

女兒、女婿的到來，給孤獨寂寞的章太炎帶來莫大的安慰。可是，天有不測風雲，1915年9月，長女章蘊來竟然自縊身亡。

五、章蘊來之死：性格和環境

人們不禁要問，章蘊來自縊身亡，是什麼原因造成的？和丈夫龔寶銓是否有直接的關係？在龔寶銓認識章蘊來之前，就有了「獨念和尚」的說法，這些是否影響到他們的婚姻？經過一番探究，我認為這之間並無直接聯繫。

龔寶銓是怎樣一個人？在事業方面，他自己有過表述：「自揆生平，雖無奇烈偉業，惟見利不惑，臨難不撓，有足以自慰者。」[21]在為人方面，他的岳父章太炎更是有過極高的評價：「長老如蟄仙先生，至誠如龔未生，皆宜引為自輔。此二君者，死生之際，必不負人，其餘可信者鮮矣！」[22]章太炎在給夫人的

---

[20] 1915年3月29日章太炎致湯國梨書信，《章太炎書信集》第559頁。

[21] 龔寶銓：《龔味蓀自敘革命歷史》，嘉興市圖書館、嘉興市地方志編纂室編《嘉興辛亥革命時期歷史資料彙編》第67頁，1991年6月印。

[22] 1914年5月22日章太炎致湯國梨書信，《章太炎書信集》第546頁。

信中認真地說了這樣的話，這主要是他和夫人新婚不久就離別，怕夫人對龔寶銓不瞭解、不信任，所以才如此鄭重地囑咐夫人。

龔寶銓可算是章太炎早期的學生，章對他瞭解很多，雖然多病，章太炎還是把女兒託付給他，可見他在章太炎心中的分量。婚後，夫妻感情不錯，龔寶銓大概是把「獨念和尚」幾個字遺忘了。章蘊來死後，章太炎給夫人的信中是這麼說的：「蘊來平素與未生伉儷頗篤，事翁姑處，弟妹皆能雍睦無間。」[23]

倒是章蘊來的性格過於憂鬱，同在上一信中，章太炎接著又說：「蘊來……唯天性憂鬱，常無生趣，在此五月，雖言笑如常，恒以得死為樂，遊公園觀戲劇，皆勉強應酬，神情漠然。自裁已經一次，幸被解救。蓋相距已兩月矣。臨命之夕，尚與未生、穆君笑談如故，家中了無防範，不意氣棄生。觀察其所為，並無必死之遂，而遽之不暇，可哀也已！」又說龔寶銓：「未生意趣本與蘊來相近，唯幸為男子，得以朋輩酬酢解憂耳。既遭變故，精爽益耗。」[24]

除了章蘊來性格憂鬱之外，生活困頓也是一個因素。章太炎自己很窮，龔寶銓可能常年生病，也一直很窮。後來給小女兒寫信時，章太炎又提到長女之死：「汝姊之死，固由窮困，假令稍有學業，則身作教習，夫可自謀生計，何時至抑鬱而死也。」[25]他要求小女兒認真看書學習，後來此女果然不負其父所望，畢業於金陵女子大學，獲碩士學位，多年從事教育工作。

---

[23] 1914年9月10日章太炎致湯國梨書信，《章太炎書信集》第547頁。
[24] 1914年9月10日章太炎致湯國梨書信，《章太炎書信集》第547頁。
[25] 1916年4月20日章太炎致章㻅書信，《章太炎書信集》第547頁。

除了上面這些因素之外，還有一個更重要的外在環境因素壓抑著章蘊來。當時，章太炎處在軟禁中，為了發洩心中的憤怒，他大書「速死」兩篆書懸作屏風。作為長女的章蘊來擔心著父親的安危，湯國梨說她「孝思頗篤，見其父之困躓憂憤，乃極意承歡，飲食醫藥，無不周至。顧其心危慮深，居恒輒鬱鬱也！」[26]而居家環境又很惡劣，據說章太炎所居之處為北京著名的四凶宅之一：「錢糧胡同四號有「鬼宅」之稱，每日夜幕降臨，院中便風聲淒厲，哀哀的哭聲、尖銳的叫聲、刺耳的猙獰聲此起彼伏，聲聲傳入房中，徹夜不絕。後來才知道，原來是袁世凱指使軍警執法處派人裝鬼以嚇唬太炎先生，以瓦解其鬥志。」[27]受不了這種精神折磨，章蘊來遂棄世而去。

六、獨念和尚

　　章蘊來死後，過了一年，龔寶銓與褚輔成的侄女褚明穎結婚。可能因為夫妻感情不和，龔寶全又恢復了「獨念和尚」的稱號。這時的他，又在念著誰呢？

　　龔寶銓和章太炎的關係仍在繼續著。有很多是談印書情況的，1915年年底，章太炎多次致信龔寶銓，談到他自訂的《章氏叢書》右文社版的情況。特別需要提到

▲龔寶銓

---

[26] 湯國梨：《〈章太炎先生家書〉敘言》，《追憶章太炎》第115頁。
[27] 鄒立人：《我的外公章太炎二三事》，《追憶章太炎》第97頁。

的是，為了《章氏叢書》浙江圖書館木刻版的刊行，龔寶銓應該是費了不少心血的。1916年12月9日，魯迅在致許壽裳信中說：「杭車中遇未生，言章師在外，亦頗困難。浙圖書館原議六千金雇匠人刻《章氏叢書》，字皆仿宋，物美而價廉。比年以來兩遭議會責問，謂此書何以當刻，事遂不能進行。國人識見如此，相向三歎！」[28]魯迅和龔寶銓對其師《章氏叢書》持一致看法，都希望此書能順利刻印。

有一份當時的電報件，說的可能就是上述此事：「西湖圖書館龔未生，君急往勤行，力披群議，勿誤。炎。」[29]此件估計發生在議會召開期間。以龔寶銓浙江圖書館館長和參議會副議長的雙重身份，說句話還是有力的。大約經過龔寶銓的據理力爭，《章氏叢刊》於1917年開雕，1919年刻成。

章太炎家中一些大事小事，龔寶銓仍時時關注著。袁世凱死後，章太炎獲得自由，他於1916年9月到12月出遊南洋群島，有一封寫於10月6日的信，在信封正面有「星加坡南洋兄弟煙草公司轉章太炎先生」幾字，背面有「如章先生他去，請速轉遞呈禱」的幾字，推測寫於這一年：

> 外舅尊前：一月前，外姑忽患胃腸、風斑兩症，六七日前病症加重，即入廣仁醫院，又隔三四日間，似小產光景，其勢甚急。據醫云，不能少動，誠恐小產，現在臥榻不起。本以

---

[28] 《魯迅書信集》第13頁，人民出版社1976年版。
[29] 轉引自黃振萍：《章太炎、湯國梨與龔寶銓往來書信四通》，《文獻季刊》2008年10月第4期。

柔弱之軀，患此疾病，不可輕視。如尊駕或可及早言旋，最
為盼禱。銓自初二日到申，茲以雙十節籌備事務之須，明日
回杭。俟事務粗了，擬十五日再行出來。專肅敬頌　旅祉。

銓謹上　十月六日[30]

▼嘉興馬庫鎮上的龔寶銓故居

龔寶銓儘管事務繁忙，儘
管多病，章太炎的家事仍放在
心上。

龔寶銓在浙江圖書館館長
任上期間，除了刊印《章氏叢
書》，他還派人到日本購置浙圖
沒有的日本弘教書院藏經及佗佛
典，又派人到北京抄《四庫全
書》，同時他也關心鄉邦文獻，從張元濟給他的信中看，龔寶銓為搜
集《檇李文繫》文稿，付出了很多精力。閒時讀經談佛，與范古農談
《內典》，向沈曾植、馬一浮請益，頗得二人讚賞。

　　1917年，龔寶銓再次東渡求醫，1922年病逝，終年37歲。龔
寶銓死後，墓葬杭州靈隱附近，章太炎親筆題寫了「龔君未生之
墓」的墓碑，並撰寫《龔未生事略》。章太炎固然給很多活人寫
過壽序、給很多死人寫過墓誌銘，但他主動給人寫的又有幾多？
從這點來說，又是龔寶銓短暫人生中的幸運之處。

2011年7月

---

[30]　某年10月6日龔寶銓致章太炎書信，轉引自黃振萍《章太炎、湯國梨與龔寶銓
　　往來書信四通》。

首蓿園的春天

　　據丁玲的最後一任丈夫陳明介紹，《魍魎世界——南京囚居回憶》是丁玲復出文壇後的第六本作品。這部回憶錄，記錄的是丁玲從1933年被綁架並取得黨的營救，到1936年逃離南京到達陝北的經歷。

　　丁玲在丈夫胡也頻被捕遇害後，過著孤單又艱辛的生活，在大上海的白色恐怖中，馮達走進了她的生活。在丁玲和馮達同居後不久，因為馮達的原因，1933年5月14日，丁玲和馮達還有一個共產黨朋友一起被捕了。

▼1931年沈從文送丁玲母子返常德時在武漢留影，左起：陳源、凌叔華、丁玲、沈從文

　　被捕之後的丁玲被綁架到了南京，周圍都是國民黨特務，而她對馮達也失去了信任，把他當仇人看待，她就更加孤苦無依了。那年冬天，她和馮達又被轉移到了莫干山上，丁玲寫道：「我整天坐在這初冬的寂靜的高山上，嚮往宇宙中的一切。萬物

皆自由，唯獨我被困在這離地面一千公尺高的山上，像希臘神話那些受罪的神。」

莫干山的冬天，日子更加孤單無依，只有馮達相伴左右，丁玲懷上了馮達的孩子。這個孩子，以後成了丁玲南京時期「歷史問題」的主要證據。

丁玲終於離開了莫干山，在南京，她繼續受到了國民黨的監視，也受到國民黨高官的誘惑。1934年9月，在醫院，她生下了女兒祖慧。

出院後，丁玲住在南京中山大街的一個小樓上。1934年10月底，詩人方令孺帶著大女兒來看望丁玲，其時丁玲並沒有聽說過方令孺這個人，其時丁玲對每個人都充滿了懷疑。但是終於，方令孺獲得了丁玲的友情，她們開始了真誠的交往。

▼十九世紀三十年代的丁玲

1935年的春天，丁玲一家搬到了苜蓿園，同時搬到那裏的，還有姚蓬子一家。

苜蓿園在南京中山門外的一個小村莊裏，有五間茅屋，是城外的陋巷。丁玲這樣描述她的苜蓿園：「茅屋周圍有些空地，竹子圍籬。屋子小，質量不高，房租也不貴，有點像隱士的居處，恰合我意。」

但事實真的這樣嗎？非也。丁玲又說：「苜蓿園像荒村裏的一座草庵，我奄奄一息地蟄居在這裏，似乎應該打掃塵心，安心等待未來的到來，然而我心裏整日翻騰，夜不能寐。在春

雨綿綿的時候，在夏蟬喧噪的炎日，我常常獨自佇立在屋簷下，仰望雲天，輾轉思謀，下一步棋該怎麼走呢？」

這時候，風雨之中的丁玲又遭受了更大的磨難，她得了傷寒病。起初是每天下午發燒，吃藥也沒效果，後來整日整夜地咳嗽，這樣拖了一個月之後，丁玲設法籌到一筆錢住進了中央醫院，並且雇了一個保姆。白天，她燒得認不清人，方令孺來看她，她也不知道，到了夜晚，用冰涼的酒精擦身體，這才清醒一些。窗外是萬籟俱靜，丁玲心裏只期待能夠活下去，活到每一個明天。

人是消瘦了，滿頭的頭髮也脫光了，但終於她活過來了。秋天，丁玲出院後又回到莒蓿園。

這人間的莒蓿園啊，充滿了滄桑。丁玲度過了這年的秋天，又熬過一個漫漫的冬天，莒蓿園迎來了1936年的春天。但是對丁玲來說，莒蓿園是沒有春天的。被困在囚籠的丁玲，哪有春天可言？但她的內心是怎樣地渴望春天啊。

這時候，「一二·九」運動蓬勃地開展起來了。飛出去，飛到這自由的世界裏去，已成了丁玲努力的目標。於是，她又拿起曾經燦爛的筆，連續寫下幾篇文章，分別發表在蕭乾編的《大公報·文藝》、葉聖陶編的紀念開明書店成立十周年的專輯《十年》和左翼作家為支柱的《文藝月刊》上，這樣，老朋友也陸續來看她，女友譚惕吾、文學家沈從文、翻譯家高植、記者蕭乾等，朋友們的到訪安慰了她的內心。

最高興的是得到了李達夫婦的消息。李達是共產黨一大代表，此時是著名教授，他的夫人王會悟是桐鄉烏鎮人，一大會址轉移到嘉興南湖，就是她聯繫的。以前，丁玲和他們夫婦曾有過

比較密切的聯繫，如果這時能和李達夫婦聯繫上，對她逃離南京會有很大的幫助，丁玲決定去北平見他們。她故意把這個消息透露給了姚蓬子，只說去北平看望王會悟。對她來說，姚蓬子是否把這個消息報告給國民黨並不重要，重要的是她希望在北京通過李達夫婦或其他什麼人與黨組織重新取得聯繫。

1936年5月14日，正是丁玲被綁架三周年的日子，去北平的準備工作已經完成。這一天，老朋友方令孺和譚惕吾來看她，看到丁玲情緒特別好，便問她是什麼原因，丁玲脫口說：「今天是我的生日，這一天曾經是我的死日，現在又變成是生日了。」

丁玲終於抵達北平見到了李達夫婦，但這時候的李達已經變了，或者裝著變了，讓丁玲無法分清他成了怎樣一個人，幸運的是，丁玲見到了《鐵流》的譯者、瞿秋白的老朋友曹靖華，她向他訴說了心中的苦悶、尋找黨組織的熱望。曹靖華慷慨接納了丁玲的要求，設法替她聯繫。

回到南京，回到莒蒨園，丁玲在耐心地等待。有一天，張天翼來看她，並且悄悄塞給她一張紙條，原來是馮雪峰給她的，是派張天翼來接她離開南京的！張天翼冒著風險來救她，丁玲心中充滿了喜悅，終於可以逃離這個牢籠了，終於要自由了！

以後，方令孺的家成了丁玲與黨組織聯繫的地點，馮雪峰的信就寄到了方令孺家，馮雪峰代表黨組織同意了丁玲的要求，終於，丁玲經上海、西安，到達陝北。

一個孤獨無依的弱女子，一個極有才華的女性，在白色恐怖下，不忘記自己的追求，經過種種努力，她終於找到了自由。

2011年6月

吳宓與方令孺

　　吳宓，一個舊文化的堅守者，方令孺，一個新月派女詩人、散文作家，他們之間有過怎樣的交往？又有過哪些鮮為人知的秘密？讓我們的目光回到民國那段歷史。

　　吳宓和方令孺認識在1923年8月。吳宓國外留學回來之後，1921年起在南京東南大學執教，他於1922年1月創辦了宣傳舊文化的《學衡》雜誌。《學衡》麾下集結了當時一批老學究，從1923年5月開始，方令孺的伯父方守彝、父親方守敦都開始有舊體詩發表在上面。也許是同氣相應吧，這年夏天，方守敦從桐城來到南京的女兒方令孺家，因為這個機會，吳宓拜會了方守敦，並且認識了方令孺。1935年，方令孺的侄兒、詩人方瑋德病逝之後，吳宓寫下〈輓方瑋德〉詩八首，第一首是這樣寫的：「文學家聲遠，先儒教澤敷。巍然白髮祖，卓爾青袍姑。塚子能承纘，一門足楷模。玉山欣朗照，倏忽淚成珠。」在這首詩下，吳宓自注云：「宓於民國

▼1923年，吳宓與夫人陳心一、長女陳學淑於南京東南大學

十二年八月，始謁君令祖榘君（守敦）先生，並識君九姑令孺女士，於南京東南大學農場。」[1]

這年，吳宓與方令孺的交往恐怕是不多的，因為不久，方令孺與丈夫一起去美國留學了，不過，1923年10月第22期《學衡》上，發表了方令孺的舊體詩〈和二兄海棠巢詩〉，這是現今發現方令孺最早發表的作品。這之後，除了方令孺的伯父和父親經常在《學衡》上貢獻他們的詩作之外，方令孺的幾個哥哥也相繼在上面發表舊體詩，可以說，桐城方家與吳宓的《學衡》有著密切的關係。

1928年夏[2]，方令孺美國留學歸來，回到南京，夫妻關係名存實亡。因為方令孺這樣淒涼的經歷，她剛回到南京，她的故友念著她，陳逵是她在美國留學時的同學，這時的吳宓則在清華大學執教。北平當時有個歐美同學會，一些從歐美回來的同學時不時在同學會碰個頭見個面談些話，吳宓、Winter、陳逵、溫源寧等是老朋友了，常在同學會聚會，喝茶，談文學等。吳宓欣賞陳逵的詩，對其評價很高，兩人關係密切。有一次聚會之後，陳逵講起了方令孺，並且他的話引起了吳宓的關注，吳宓1928年11月24日的日記這樣寫：「五時散。宓邀陳逵君至東安市場森隆館進西餐（2.50），談甚洽。陳君仁柔可親，談及方令孺、虞芸佩二女士近情，輒共感歎不置。九時別，歸南月牙胡同寓宅宿。」[3]雖僅短短的四個字「感歎不置」，但從吳宓一方來說，念想卻是很深的。

---

[1]　《吳宓詩集》第298頁，商務印書館2004年11版。
[2]　方令孺回國的時間，有學者以為是1929年，實誤。
[3]　《吳宓日記》第四冊第166頁，三聯書店1998年3月版。

方令孺後來離開南京到國立青島大學執教，1931年11月[4]又離開青島來到北平，之後，她和吳宓應該有過較多的接觸，但遺憾的是吳宓日記缺失了1932年全年，1933年的日記也只有八月的十數天，不過，他後來的日記對這段日子有過提及，1938年3月8日他的日記有這樣的話：「因念及1932年北平與方令孺、白富文周旋時矣！」[5]白富文，陝西人，清華大學外文系1933年畢業。吳宓見一個愛一個，少女少婦都在他心頭盤旋。日記雖然寫得很簡單，可以想像的內容卻不少。

　　1933年夏，吳宓至少有兩次南遊，前一次他到上海時，盛成邀他和方令孺等人遊兆豐公園（現名中山公園），為此，他特地賦詩〈西江月〉一首，題注云：「七月十五夜，上海兆豐公園遊步即事。盛成君邀往。同遊者，方令孺女士方瑋德君曾覺之君。」[6]

　　也許是這次在上海意外地見到方令孺，又因為第二次南遊在杭州向盧葆華求婚遭婉拒，引發了吳宓的很多感懷，1933年8月21日，吳宓寫了很長的日記剖析他對幾個女人的感情：「車中重讀華函，覺此函乃誠意之拒絕：惟以事理情勢推之，苟宓誠心繼續熱烈追華，終可得華。昔之對彥對孺等，惟不執。華事又與彥、孺情形類似……」[7]日記寫得很長，分析得很到位，可那只是一廂情願的事。

　　可能因為與方令孺的關係，吳宓與方令孺的侄兒方瑋德關係非同尋常，方瑋德病逝之後，吳宓為之寫過輓聯及輓詩八首、懷

---

4 方令孺離開青島的時間，有學者以為是1932年，實誤。
[5] 《吳宓日記》第六冊第310頁。
[6] 《吳宓詩集》第268頁。
[7] 《吳宓日記》第五冊第444頁。

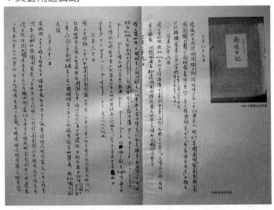
▼吳宓南遊日記

詩一首。吳宓把方瑋德比之濟慈、雪萊，又高度評價方氏一門「文學家聲遠」。

抗戰爆發之後，吳宓隨清華大學併入西南聯大，方令孺則到了重慶。1941年3月，方令孺長女陳慶紋從武漢大學轉學到西南聯大外文系，這給吳宓帶來了意外的驚喜。吳宓第一次見到陳慶紋是在3月8日，下午他上《人文》及《歐文史》課時，他只簡單地記錄了「女生陳慶紋加入」[8]幾個字，再沒有什麼過多的表示，後來一次也這樣，感覺平平，但當吳宓得知陳慶紋為方令孺長女時，感情馬上就起了變化，眼睛所見也不一樣了，1941年3月19日日記：「下午1-2上《歐文史》課。畢，新來女生陳慶紋自陳為方令孺長女Betty，在聯大外文系二年級借讀。宓觀其人雅淡秀美，且確貌似令孺。乃與同步回舍。詢悉孺等近況，並約晤。」[9]這還不夠，第二天，吳宓就有了心思，他想把陳慶紋介紹給李賦寧：「偕寧至校，秘告寧以介紹慶紋與寧之意。上《歐文史》課。寧旁聽，與紋略談。」[10]吳宓讓同校老師李賦寧來旁聽自己的課，藉以與陳慶紋熟悉。

---

[8]　《吳宓日記》第八冊第50頁。
[9]　《吳宓日記》第八冊第56-57頁。
[10]　《吳宓日記》第八冊第57頁。

這以後，吳宓與陳慶紋的交往多了，一次他借來《英詩選讀》給陳慶紋，有幾次他們一起聚餐，一次，他把自己和陳逵的贈答詩讓陳慶紋給方令孺看，另有一次，吳宓想讓陳慶紋一起搭飯同一人家，被人家冷言拒絕，他心裏非常不痛快，幸好陳慶紋並不知曉此事。這年的端午節，吳宓與朋友是約了陳慶紋和她的好友一起過的。吳宓樂於與陳慶紋在一起，他還替陳慶紋向武漢大學寫了轉學西南聯大的報告，並且託朱光潛出力，他碰到李賦寧、沈從文等，也喜歡和他們談論方令孺陳慶紋母女。有一次，吳宓拿出方令孺的詩文給李賦寧看。1941年7月12日和14日，吳宓寫了對方令孺詩文的英文評論《An Appreciation of Mme 方令孺's Recent Writings》[11]，後來這篇評論文章他讓慶紋轉給她的母親。

　　在不到半年的時間中，吳宓與陳慶紋保持著較多的聯繫，不過，陳慶紋在西南聯大的時間只一個學期，1941年7月18日，吳宓接到陳慶紋函，得知她和朋友到了外地。這之後有一年半的時間，《吳宓日記》中見不到陳慶紋的記錄，直到1942年12月14日，吳宓在學校看到《創作月刊》四五合期上方令孺的文章〈聽到孩子到臨的歡欣〉，知道陳慶紋嫁後，於1942年4月生下一女，「孺欲以後橘名之，稱為伊之第三代化身。宓則更念Waltre Savage Landor之「Three Roses」之詩矣。」[12] Waltre Savage Landor是沃爾特‧薩維奇‧蘭多，Three Roses是他的詩《三朵玫瑰》，吳宓以蘭多之詩表達了他對方令孺一家三代玫瑰的喜愛之情。

---

[11] 《方令孺女士近作評贊》。
[12] 《吳宓日記》第八冊第426頁。

▲方令孺（左）與女兒陳慶紋（右）一家

一年之後，《吳宓日記》再次出現方令孺，1943年12月16日，吳宓到雲南大學訪胡光煒：「煒又述孺孤苦情形。三女Sappho已死滬上。二女已嫁，夫婦在皖為游擊隊。長女紋婿李明（？）聯大畢業，任銀行職，甚足自贍。孺則甚憔悴云云。」[13]吳宓關心著很多女性，方令孺也始終是他關心的對象。

吳宓再次見到方令孺是在抗戰勝利之後，方令孺已隨復旦遷回上海，1947年10月12日：「至徐滙村13訪方令孺，談及邇近情，而章靳以來，進咖啡。」[14]分別了好久的老朋友重逢了，不知吳宓和方令孺心情各如何？吳宓一會兒苦戀這個，一會兒又苦戀那個，他在看方令孺的時候也許還想著另一位女子，那麼，想來方令孺的態度應該是淡淡的吧。

2010年4月16-17日

[13] 《吳宓日記》第九冊第164頁。
[14] 《吳宓日記》第十冊第253頁。

也談聞一多《奇蹟》為誰而寫

　　聞一多1930年8月來到國立青島大學，秋天認識了方令孺，12月初寫下長詩《奇蹟》，差不多同時，方令孺則寫了《詩一首》，這兩首詩一起發表在1931年1月出版的《詩刊》創刊號上。

應該說，《奇蹟》確實是聞一多期待情感生活中出現「奇蹟」的一個縮影。陳子善教授從臺北皇冠出版社出版的梁實秋《看雲集》的兩篇文章裏，發現聞一多佚詩《憑藉》和《奇蹟》一樣，都是為方令孺而寫[1]。但是美國學者、沈從文研究專家金介甫對沈從文小說《八駿圖》作索隱，認為聞一多對俞珊有好感[2]，於是很多學者便盲從了這種說法，

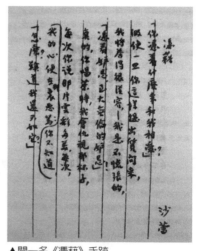

▲聞一多《憑藉》手跡

---

[1]　陳子善：《聞一多集外情詩》，《邊緣識小》上海書店出版社2009年2月版。
[2]　金介甫：《沈從文傳》第235頁，國際文化出版社2005年10月版。

繼而認為《奇蹟》是為俞珊而作。

最近我讀到方令孺晚年的學生裘樟松先生文章《方令孺先生軼事》，終於確切地知道，聞一多《奇蹟》長詩是為方令孺而寫。他在文中寫道：

> 有一天下午，方令孺先生對我說：「聞一多的詩『半啟的金扉中，一個戴著圓光的你』是寫我的。」這一行詩是《奇蹟》的最後一行詩，當時我沒有讀懂，因為當時我只知道「圓光」是指日月。我記得李白《君子有所思》有「圓光過滿缺，太陽移中昃」之句，王維《賦得秋日懸清光》也有「圓光含萬象，碎影入閒流」的句子，而聞詩中的「圓光」不可能指日月，於是我就問先生關於聞詩「圓光」的意義。先生回答云：「這裏的「圓光」是佛家語，是指佛菩薩頂上放出的成圓輪狀的光。」先生生得端莊，肅穆時真像一尊圓光，我不禁為聞一多捕捉形像特徵水平之高和形容巧妙而喝彩。[3]

▲方令孺國畫《紫玉岩》

---

[3]　裘樟松：《方令孺先生軼事》，《點滴》2010年第2期。

不過，也許是出於為尊者諱這樣的理由，裘樟松先生認為，聞一多喜歡過方令孺沒有直接的證據，陳子善教授的說法不免牽強。

但是《奇蹟》是一首情詩毫無疑問，為某個人寫情詩，而且是如此地神聖，他怎麼會不喜歡呢？所以這裏不討論這個問題。

還是回到俞珊與方令孺這個問題上。

1929年，還在上海國立音樂學院讀書的俞珊，被田漢挑中成為南國社成員。1929年夏，南國社公演英國作家王爾德名劇《莎樂美》，俞珊因在劇中大膽的表演而一夜走紅。1930年，俞珊在《卡門》中擔任主角，經常去上海的徐志摩家拜訪、請教，引起陸小曼的反感。

1930年9月，國立青島大學正式成立並開學，聞一多、方令孺等先後前往學校任教。這時的俞珊則在上海，並且生了一場重病，徐志摩幾次寫信給梁實秋說到她：「沙樂美公主不幸一病再病，先瘧至險，繼以傷寒，前晚見時尚在熱近四十度，呻吟不勝。承諸兄不棄（代她說），屢屢垂詢，如得霍然。尚想追隨請益也。」[4]「俞珊病傷寒，至今性命交關。」[5]「俞珊死裏逃生回來了，先後已病兩個月，還得養，可憐的孩子。」[6]這說明，聞方兩人寫《奇蹟》和《詩一首》時，俞珊正病得九死一生，命都快要顧不上了，哪裡還有精力調情，何況她人還在上海，還沒踏上

4　徐志摩1930年10月24日致梁實秋信，虞坤林編《志摩的信》第379頁，學林出版社2004年7月版。
5　徐志摩1930年11月**日致梁實秋信，虞坤林編《志摩的信》第380頁。
6　徐志摩1930年12月19日致梁實秋信，虞坤林編《志摩的信》第384頁。

青島的土地，所以說，《奇蹟》不可能為俞珊而寫。

俞珊後來去青島大學，也許是為了前面說到的「追隨請益」，因為梁實秋等人一直關心著她嘛，徐志摩另一信講到她往青島的大致時間：「俞珊大病幾殆，即日去青島大學給事圖書館，藉作息養。」[7]也就是說，俞珊到青島的時間，至少在1931年2月9日之後，離聞一多寫《奇蹟》已過去兩個月。

俞珊到青島大學雖然短短的時間，卻掀起了巨大的波浪，於是便有了沈從文的小說《八駿圖》，也有了徐志摩下面的話：「星期四下午又見楊今甫，聽了不少關於俞珊的話。好一位小姐，差些一個大學都被鬧散了。梁實秋也有不少醜態……」[8]

從方令孺這方面說，因為她和聞一多之間頻繁的交往，以致流言四起。1931年11月，為避流言，方令孺離開青島前往北平，沈從文即寫信給徐志摩說：

▼聞一多水彩畫《小村風光》，1923年5月於芝加哥

方令孺星期二離開此地，這時或已見及你。她這次恐怕不好意思再回青島來，因為其中也有些女人照例的悲劇，她無從同你談及，但我知道那前前後後，故很覺得她可憐。[9]

7　徐志摩1931年2月9日致劉海粟信，虞坤林編《志摩的信》第159頁。
8　徐志摩1931年6月14日致陸小曼信，虞坤林編《志摩的信》第114頁。
9　沈從文1931年11月15日致徐志摩信，《志摩的信》第199頁。

不好意思再回青島，就是因與聞一多之間發生的事。1932年的方令孺，很多時間生活在北平，並且與吳宓有了交往[10]。

綜上所述，我們可以知道：聞一多《奇蹟》是寫給方令孺的。

過去，有學者認為方令孺離開青島是因為她1932年生了一場大病，「一九三二年，『九一八』事變發生的第二年，青島大學愛國學生懷著滿腔熱情紛紛起來抗議日寇的侵略暴行，國內政局日益動盪不安。方令孺同許多富有民族正義感和愛國心的知識份子一樣，為之憂愁、憤激，加上為生計而進行的奔波，不久竟至積鬱成疾，患上了甲狀腺亢進疾病。由於病勢十分兇猛，她只得離開青島。」[11]以後，很多人也附和了這種說法。其實，方令孺生病是1933年的事。

也有人說，當時國立青島大學「酒中八仙」，聞一多把方令孺拉進去，他們形同哥們，哪來的喜歡？錯了，方令孺進「八仙」實在是因為聞一多的喜歡，她喝酒淺嚐輒止，大家都不會勉強她，更不會吆喝猜拳，在聞一多呢，則多了一個與她接觸的機會。這點小九九，想是同桌的朋友們都能理解的。

2010年2月27日初稿
2010年6月6日修改

---

[10] 見拙作：《吳宓與方令孺》。
[11] 鄧明以：《方令孺傳》，《新文學史料》1988年第1期。

方令孺和孫寒冰的同學情

　　1915年，十九歲的方令孺，由伯父作主嫁給懷寧人、富家子弟陳平甫。這椿婚姻出於伯父的政治需要而起，婚後夫妻之間少有共同語言。為了尋求理想和自由，也為了改善婚姻關係，1923年，方令孺隨丈夫一起，攜長女來到美國，她進入西雅圖的華盛頓大學求學。在華盛頓大學，她認識了同學孫寒冰，由此結下了深厚的友誼。多少年後，方令孺總是忘不了一個情景：在異國他鄉，有一個黃昏，孫寒冰來敲她家的門，邀她一起去看他剛買的兩包書，他倆走過一片樹林，這時滿地是落葉，景色迷人。情誼深深地凝聚在她心中。

　　孫寒冰留學美國獲經濟碩士學位，回國後任復旦大學教授，於1937年1月創辦了《文摘》。抗戰爆發後，復旦大學遷到重慶北碚的黃桷樹鎮，孫寒冰因為嚴重的傷寒病留在上海，後來為了《文摘》，他輾轉廣州、香港，直到1938年12月才到重慶，此前，方令孺已在復旦大學中文系任教。這之後，他們之間有了頻繁的交往，如1939年

▲孫寒冰

1月起，蔣碧微、方令孺、宗白華、章益、孫寒冰等在重慶發起每週一次的聚餐會。1939年夏，為了當時「國內最風行之雜誌」《文摘》，孫寒冰再次赴港，直到1940年3月回到北碚。

1940年5月底，北碚黃桷樹復旦大學慘遭大轟炸，孫寒冰就在那次大轟炸中犧牲了。那天是1940年5月27日，靳以說他，在第三次敵機經過的時候，他還站在王家花園後山上用望遠鏡瞭望。又據梁實秋《回憶抗戰時期》中描述，後來，孫寒冰回到王家花園和何浩若下象棋，這時炸彈下來了，一聲巨響，何浩若伏到桌子底下，孫寒冰往屋外跑，才出門就被一塊飛起的石頭砸死。

在這之前，有一次渡江，孫寒冰對朋友說：「人生原來有三件大事：結婚、生孩子，再有就是死了。我們已完成了兩件，不知道什麼時候完成第三件。」[1]大家認為這話不吉利，可過不了幾天，第三件事就來了。

失去好友的方令孺，懷著悲憤的心情，一掃新月時期的婉約、朦朧，寫下長詩《悼念寒冰》：

> 是誰毀了他，把他的
> 生命猛然吹熄！
> 當我看見他：
> 僵冷地橫陳在面前，
> 晦澀的兩眼向著天空，

1 　靳以：《孫寒冰先生》，《靳以選集》第328頁，四川人民出版社1984年9月版。

我覺得這不是寒冰，
卻是千百萬人的
骨肉親戚朋友，被日寇
殺戮的象徵。
這象徵要永鐫在人的心上，
像一座石碑的尊嚴。[2]

▼1939年在重慶的方令孺

這首詩發表在1940年12月9日的香港《大公報》文藝副刊。因為敵機的轟炸，孫寒冰三十八歲活潑潑的生命嘎然而止，方令孺深深地哀悼，自然哀悼不單因為他們是好友，還因為他有一顆主張正義的心。

但是現在常有人把一些事搞混。有些人把華盛頓大學和華盛頓州立大學混為一談，認為方令孺和章益（友三）是留美同學，但章益就讀的是華盛頓州立大學，學校並不在西雅圖。另有學者以為方令孺就讀的是華盛頓州立大學，但是方令孺自己說過，她在美國住過四個城市，西雅圖、綺色佳、芝加哥和麥迪生，四個城市中並沒有華盛頓州立大學及其分校所在的城市，華盛頓州立大學主校在普爾門，在斯普肯、三城和溫哥華有分校，此外，方令孺的兩個侄兒楊永直（方璞德）和舒蕪（方管）在回憶裏都說她就讀過華盛頓大學。最重要的是，復旦大學校史資料記錄方令

2　方令孺：《悼念寒冰》，《方令孺散文選集》第137頁，上海文藝出版社1982年8月版。

孺「美國華盛頓大學畢業」[3]。有些人則誤認為孫寒冰是華盛頓州立大學畢業，在復旦大學的另一份檔案資料上，也記錄著孫寒冰的簡歷，這份記錄於孫寒冰犧牲時、名《悼念孫寒冰事項》的歷史檔案中，其中《請領恤金事實表》中有這樣的話：「孫寒冰年三十八，江蘇南匯人，出身復旦大學商業學士，美國華盛頓大學經濟碩士，美國哈佛大學研究院研究」。如此，方令孺和孫寒冰為同學是確鑿的事。

　　方令孺和孫寒冰因同學而產生的友誼是長久的，她在《悼念寒冰》一詩中寫道：「記得在多少年前，我們同在一個遠遠的地方」、「十七年我和他的友誼」[4]，17年前正是1923年方令孺初到華盛頓大學留學之際。

　　方令孺的侄兒方琯德在自傳體小說《胭脂巷的子孫們》中說，孫寒冰是九姑方令孺曾經愛過的人，我本想，小說家之言無法當真，既然沒有確切地證據，這恐怕是個謎了。不過，事有湊巧，本文初稿完成後三個月，有一天，我和方令孺晚年的學生裘樟松先生談論起孫寒冰，並且我傳給他看這篇稿子，他發來短信說：「稿已收到，你很聰明，肖文（方令孺二女兒）對我說過，先生與孫寒冰有過愛情，但這個問題不應由我提出，應由先生的家屬提出。」這麼說來，方琯德寫的是真的。方令孺和孫寒冰因為同學情發展為愛情，但是，也許是年齡上的差異（方令孺長孫

---

[3]　《1938年春重慶復旦大學教員名錄·教員與課程(二十六年度)》，《抗日戰爭時期復旦大學校史史料選編》，復旦大學出版社2008年5月版。
[4]　方令孺：《悼念寒冰》，《方令孺散文選集》第137頁。

4　紙上光陰——民國文人研究

寒冰六歲）、也或者其他原因(方令孺已結婚)，阻止了他們之間
的感情繼續發展。愛情止步了，友情則更加醇厚了。

2009年11月17日初稿

2010年3月6日修改

靳以初到復旦任教的時間

　　靳以前後兩次到復旦大學任教。他初次到復旦任教，章潔思編的《靳以年譜》[1]記錄的時間為1938年10月，但這個時間我認為有誤，應在1939年3月到4月10日這個時間段內。

　　我為了寫《方令孺在重慶》一文，把相關人物按時間順序列了一個表格，排到靳以的時候，有關時間總是對不上，後來才發覺，原來年譜中他初到復旦任教的時間記錯了，這一調整，問題迎刃而解了。

　　靳以到重慶的時間，他說：「到重慶時是初冬，我穿的是一身夏天的衣裳。」[2]那是1938年的初冬。靳以到了重慶，寄居在他弟弟家裡。

　　靳以還寫過他剛到復旦大學任教的情形：「最初卻是頗使我失望的，因為在菜園壩，每去教書一小時，要坐兩小時的車，而且那邊我簡直沒有相識的人，也沒有人認識我，除開一些同學和那個看門的工友。後來我找到一條路，可以從那邊翻到兩路口，

---

[1] 收入《百年靳以紀念集》，香港文匯出版社2009年10月版。
[2] 靳以：《從個人到眾人》，《靳以選集》第五卷574頁，四川人民出版社1984年9月版。

▼靳以（右）和曹禺是少年時代
起相識的密友

於是在重慶村我可以看到九姑（她是我才認識的朋友，可是我們很快地像極熟的朋友一樣），在另外一個地方我可以看到石。過不久之後我就在重慶村看到他，他是從香港來的，懷著希奇的心緒我們握手了，這是誰也想不到的，在迢迢的萬千里之外，我們又相見了。」[3]靳以文中的「九姑」是方令孺，「石」是曹禺，「他」是孫寒冰。

這段文字，給出幾個我們需要的資訊：一是菜園壩那邊除了一些同學和看門的工友，其他的都不認識，二是這時的靳以剛剛認識了方令孺。

靳以和方令孺認識的時間有可靠的依據。方令孺在一張送給靳以的照片背後寫了這樣的話：「二十八年四月十日攝於重慶重慶村 是並始識靳以贈以作紀念 令孺」[4]就是說，靳以和方令孺認識，是在1939年4月10日前不長的時間段內。

如果說靳以1938年10月到復旦任教，這時他認識了方令孺，那麼到方令孺照片上留言的1939年4月這個時間未免差得太遠，根本不是「始識」兩字所能解釋的。這時我大體已經知道靳以到復旦大學任教在1938年10月這個時間是不確的。幸好很快我就找到證據。靳以還寫過這樣的話：

3　靳以：《孫寒冰先生》，《靳以選集》第五卷326-327頁。
4　章潔思：《「清溪涓流」》，《散落的珍珠——小瀅的紀念冊》第117頁，百花文藝出版社2008年1月版。

對我個人來說，當我在一九三九年無路可走只得教書的時候，他所說的「我不是教給他們什麼，而是向他們學習」的話，像一盞明燈似地引著我的路。[5]

這話說得非常明確了，教書是在1939年，而不是1938年，如果再具體些，無路可走是在1939年的最初三個月。靳以在從教前，一直從事編輯的工作，1939年1月，他創刊並主編重慶《國民公報》副刊《文群》。靳以來重慶前，已經主編過幾個大型文學刊物，當編輯是靳以喜歡做的事，但是他編《文群》沒有編輯費，只有發稿費。低微的稿費養不活自己，他只得去教書了。

靳以後來在回憶這段日子時這樣寫道：「我比他早些離開南中國，走了一節悠長艱苦的旅途之後到了重慶，廣州失陷的消息也立刻被我知道了。當我離開的時候，計畫著不久還可以回去；事實上我只得停留在這個崎嶇的山城，過著不愉快的日子。」[6]說的就是這段日子。不愉快的日子還有細化的描寫：「我寄居在我兄弟的家中，在各方面都顯出我的困窘，連我離不開的一張書桌也沒有。恰巧這時有人來邀請我到我所讀過的大學去教書，他們不叫我做商科助教，由於我的虛名，他們要我去教中國文學。」[7]

因為新學期已經開學，就讓靳以到菜園壩分校上課。查萬年曆，1939年2月18日是除夕，那麼新學期開學時間應該在1939年2月

5　靳以：《托爾斯泰在莫斯科的房子》，《靳以散文小說集》下集第196頁，上海文藝出版社1984年版。
6　靳以：《孫寒冰先生》，《靳以選集》第五卷326頁。
7　靳以：《從個人到眾人》，《靳以選集》第五卷574頁。

▼重慶北碚黃桷樹復旦大學，靳以（左五）和學生在一起

底或3月初，那麼靳以到復旦的時間應當在3月到4月10日的這個時間段內。

再看復旦大學在菜園壩的情況。復旦大學於1937年12月遷到重慶時，菜園壩復旦中學已放假，於是借他們的教室繼續上課，這個學期到1938年2月中旬結束，3月復旦大學又遷北碚的黃桷樹鎮開學，後來復旦中學遷往他處，為方便起見，1938年秋，復旦大學商學院、文學院之新聞系和法學院之經濟系遷回菜園壩復旦中學舊址上課，直到1939年5月初大轟炸後，又遷回黃桷樹。[8]就是說，從1938年秋到1939年5月，復旦大學在菜園壩只有商學院、文學院之新聞系和法學院之經濟系這幾部分，其他的都還在黃桷樹本部。那麼靳以到菜園壩，臨時教新聞系的中國文學。方令孺在中文系，因此，方令孺不在菜園壩，有學者以為靳以和方令孺同在菜園壩教書並認識，是不確的。再者，前面的文字靳以自己已經說過了，在菜園壩，除了一些同學和那個看門的工友，他並不和誰相識。

可能是靳以臨時在新聞系任教，也可能在新聞系時他只是一個助教，所以《復旦大學誌》新聞系教授名錄裏沒有他的名字，他的名字和方令孺的名字都出現在中文系教授名錄裏。

---

[8] 摘錄於《復旦大學誌·抗日戰爭時期》，復旦大學出版社1985年5月版。

靳以在菜園壩教書，住在重慶市區，1939年5月4日大轟炸時，他親身經歷、親眼目睹了這個大慘日。他的《五月四日》一文就記的是這件事。當轟炸之後，他先到庭院中小幾上拿一個本子，因為上面有他幾年來工作的記錄，還有友人的來信，還有稿件，但是小幾已經被埋在灰塵下了。他這樣一點點地記述著。在1940年4月30日寫就的《迎五月》一文裏，他又寫到了另外幾次轟炸，當時，日機對北碚的轟炸還沒有開始，那麼他寫的必定是重慶經歷過的幾次。

靳以在菜園壩只有他最初任教的這個學期，下個學期菜園壩分校不復存在，他也到了黃桷樹，住在王家花園教員宿舍。如果把靳以初到復旦任教的時間提前到1938年10月，那麼在北碚黃桷樹的靳以不可能經歷在重慶那麼多次轟炸了。

至於靳以初到復旦大學，到底在1939年的3月還是4月，我願以為復旦大學檔案館應該是可以查到的，在《復旦大學校史史料選編》[9]一書中，收錄了《1938年春重慶復旦大學教員名錄·教員與課程（二十六年度）》，其中有方令孺1938年4月到校的記錄，那麼下一年度就有靳以到校的記錄了。我找個方便去查了，可惜沒有這方面的資料，因為檔案館的資料是不全的。

靳以走出復旦，又回到復旦，他的生活因此出現了轉折，他開始走出書齋，完成從個人到眾人的轉變。

2009年10月31日初稿

2009年12月20日修改

---

[9]　復旦大學出版社2008年5月版。

方令孺的佚詩佚文

　　方令孺生前，有散文集《信》行世，後來，又先後有過上海文藝出版社和百花文藝出版社出版的《方令孺散文選集》及臺灣洪範書店出版的《方令孺散文集》。洪範書店的《方令孺散文集》與前兩本散文集一樣，所收篇目也有限，只是增加了一篇譯文《在一個遠遠的世界裏》。

　　後來，也有人陸續提到和發現方令孺佚作的，裘樟松《不是親人，勝似親人》一文中寫到過；高松年在《一個純真善良的人》[1]一文中，說他在方令孺女兒肖文家找到一首沒有題目的新詩；楊芳芳編選的《新月派詩選》[2]收錄方令孺詩四首，其中《任你》也是前面幾個集子中沒有的；桑農在《方令孺的一篇佚文》[3]中，發現了方令孺寫於「大躍進」時代的一篇佚文《最新最美的詩篇》；陳學勇在《淒婉的方令孺》[4]一文中，提到過方令孺的另幾篇詩文《全是風的錯》、《聽今年第一聲子規》、《病人》、

---

[1]　《江南》2006年第4期。
[2]　長江文藝出版社，2006年1月版。
[3]　2007年11月16日《文匯讀書週報》。
[4]　2008年11月29日《文匯報》。

《一九四一年的秋天》、《石工》，以及比新詩更早，刊於《學衡》的七律《和二兄海棠巢詩》。

這兩三年來，我因為搜集整理方令孺作品、編訂方令孺創作年表等，也發現了方令孺的一些佚作，包括詩、文及譯作，數量還不少，現匯總如下：

《幻想》（新詩），載1932年7月《詩刊》季刊第四期

《她像》（新詩），載1932年7月《詩刊》季刊第四期

《二十五年我的愛讀書：「A Room of One's Own」等三種》，載1937年1月《宇宙風》半月刊第32期

《夢中路》（新詩），載1937年1月10日出版的《新詩》第1卷第4期

《詩二章》（新詩，兩首），載1937年3月10日出版的《新詩》第1卷第6期

《一張書單》，載1937年4月1日發行的《青年界》復刊第3卷第2期

《聽到孩子到臨的歡欣》，載《創作》月刊1942年第4-5期

《討論「武訓傳」以後》，載《文藝新地》1951年第6期

《感激的話》（新詩），載1956年2月5日《解放日報》

《兄弟般的深摯感情鼓勵我更好地工作》，載1957年11月6日《文匯報》

《它，就是和平》（新詩），作於1957年11月25日黃昏上海，載1958年《詩刊》第一期

《大躍進的時代》，載1958年2月20日《人民日報》

《總路線是永遠不落的太陽》（新詩），載1958年6月13日
　　《浙江日報》

《浙江省的幾首好民歌》，載1958年6月30日《文匯報》

《遙向阿拉伯人民致敬》，載1958年7月20日《浙江日報》

《從勞動和鬥爭中產生民歌》，載1958年8月3日《浙江
　　日報》

《朵朵紅花照人心》，載2008年8月9日《浙江日報》

《早稻豐收震人心》（新詩），載1958年8月20日《浙江
　　日報》

《向伊拉克人民致敬 英勇的阿拉伯人民是永遠不會屈服
　　的》，載《東海》1958年 第8期

《讀報有感三首》（新詩，三首），載《東海》1958年 第9期

《百煉成鋼》（新詩，三首），載1958年9月28日《浙江
　　日報》

《憤怒》（新詩），載1958年10月6日《浙江日報》

《歡迎金日成首相》（新詩），載1958年12月3日《浙江
　　日報》

《歡呼》（新詩），載1959年1月3日《浙江日報》

《我們支持正義的鬥爭》，載1959年1月28日《浙江日報》

《當好大躍進的歌手》，載1959年10月1日《浙江日報》

《最深厚的友誼》，載1960年2月14日《浙江日報》

《要有堅強不屈的骨氣》（新詩），載《東海》1962年第
　　12期

▼方令孺國畫《松》

共計佚作二十八篇，其中新詩14篇（19首），散文等14篇。

《幻想》和《她像》，寫於方令孺新詩創作的初始階段，帶著朦朧的含蓄的色彩，和她第一首發表的新詩《詩一首》一樣，刊於她和徐志摩、陳夢家等人一起創辦的《詩刊》上，不過《詩刊》只出了四期，因徐志摩發生意外而停刊；寫作《夢中路》、《詩二章》時正處在抗日戰爭時期，詩中帶著憂愁，其中《詩二章》，包括了《音樂》和《蒙德開羅民歌》兩首詩。《新詩》1936年10月創刊，由卞之琳、孫大雨、梁宗岱、馮至、戴望舒主編，卞之琳、孫大雨都是新月派，方令孺在上面發表詩作也很自然。《二十五年我的愛讀書》是《宇宙風》編輯出的一個大題目，有很多人寫自己在1936年看的書，方令孺寫了三本喜歡看的書：Virginia Woolf：《A Room of One's Own》（吳爾夫：《一間自己的房子》），巴金譯：《獄中記》，明末陳貞慧定生著：《秋園雜佩》。《一張書單》是方令孺為青年朋友推薦的書單，中外文學歷史著作和傳記都有。

《它，就是和平》一詩，還有一個副題為：為了看見第一顆人造衛星運載火箭喜極而作。《兄弟般的深摯感情鼓勵我更

好地工作》，是上海市中蘇友好協會和《文匯報》聯合邀請各界人士座談會上的發言，總題目為《十月革命使中國人民找到了徹底解放和繁榮富強的道路》，報上並留有座談人士的簽名。

這之後的詩文，明顯地烙上時代的痕跡，方令孺五十年代後期到杭州任浙江省文聯主席，作品大都發表在《浙江日報》和《東海》雜誌。

《讀報有感三首》為新詩，三首詩分別為《讀8月12日人民日報「陽泉大戰」》、《美國將在聯大玩鬼把戲》、《英國刺刀擋不住人民義憤》）

方令孺最早發表的新詩題為《詩一首》，這首詩還曾被人翻譯成英文《A Poem》，載1933年11月30日出版南開大學《南大半月刊》上，譯者為王思曾。

1943年成都中西書局出版過方令孺的譯文集《鐘》，是趙清閣主編「中西文藝叢書」的一種，收入小說《投宿》（〔英〕史蒂文生）、《勝利的戀歌》（〔俄〕屠格涅夫）、《鐘》（〔蘇〕高爾基）等三篇；獨幕劇《室內》（〔比利時〕梅特林克）一篇；小說節譯《在一個遠遠的世界裏》（〔南非〕阿列夫・須萊納爾）一篇。《投宿》原譯《詩人魏龍的投宿》，原載1933年《文藝月刊》第四卷第一期；《勝利的戀歌》原譯《愛之凱歌》，原載1934年《文藝月刊》第七卷第一期；《室內》原載1935年《文藝月刊》第七卷第六期。

▲《方令孺散文集》書影，臺灣洪範書店1980年5月出版

這冊譯文集之外，也有一篇方令孺的譯文未收，是方譯《愛》（〔法〕莫泊桑），原載1949年《人世間》第三卷第一期。

譯文集《鐘》現在已難覓蹤影，這些作品中，方令孺譯高爾基的小說《鐘》，我也始終沒有看到過，如今不知其流落何方，期待有心人能把它發掘出來。

另外，前些日子看《散落的珍珠——小瀅的紀念集》[5]，發現有方令孺給凌叔華的女兒陳小瀅的留言，也算是佚文吧。

2009年7月25日

附：陳子善教授在得知我尋覓方令孺作品後，給我複印了他珍藏的方令孺譯文集《鐘》，我有了意想不到的收穫。

---

[5]　百花文藝出版社2008年1月版。

陳夢家的佚詩佚文

　　這一兩年來，我對方令孺發生了濃厚的興趣，這興趣逐漸擴大，發展到對新月派其他詩人的興趣，在這個過程中，我發現了一些他們散落在各處的作品。今天說的是作為詩人的陳夢家被人遺忘的詩文，至於作為學者的陳夢家的佚詩佚文也不少，就留待下次再述。當然，對陳夢家詩人和學者兩個時期，我這裏只是作個粗略的區分，並沒有嚴格的依據。

　　陳夢家的詩文作品，除了他自己編的四部詩集外，又先後有過幾個集子：1989年長江文藝出版社出版周良沛編的中國新詩庫《陳夢家卷》、1995年12月浙江文藝出版社出版清華大學藍棣之教授編的《陳夢家詩全編》、2000年1月人民文學出版社出版《夢家詩集》、2006年7月中華書局出版華師大陳子善教授編的《夢甲室存文》、2006年7月中華書局出版《夢家詩集》，此外陳子善、趙國忠、鄭蕾等人對陳夢家的佚作都有過補充。

　　若是對以上這些資料做個匯總，那麼作為詩人的陳夢家的詩文可以得到很大的補充。

　　儘管這樣，還是有遺漏。我最初是在查閱《文藝月刊》時發現了陳夢家被遺漏的作品，這裏面包括他的詩作和翻譯作品，後

來整理《新月》月刊目錄時，在作了一番比對後又有了驚喜的發現，再後來範圍又擴大到其他舊期刊，下面就是新發現的陳夢家創作的佚詩佚文，計十首詩兩篇文：

▼陳夢家書信手跡

《北風裏示威的竊賊》，載1929年3月《人間》第3期

《露水的早晨》，載1930年6月《新月》第2卷第12期

《命運的謊》，載1931年5月《創作》創刊號

《在雨天裏》，載1931年7月《創作》第1卷第3期

《二十生辰》，載1931年8月《創作》第1卷第4期

《呼應》，載1932年《清華週刊》第4期

《吊志摩》，載1932年7月《詩刊》第4期

《自白》，載1033年4月《東方文藝》第1卷第4期

《圓規》，載1934年2月《中國文學》第1卷第1期

《天國》，載1934年3月《中國文學》第1卷第2期

《記志摩先生》，載1934年《文化通訊》第1卷第1期

《老子哲學之原理及其應用》，載1934年《文化通訊》第1卷第2期

以上前面是十首新詩，最後兩篇為散文。

這幾首詩中，《命運的謊》最長，也最具代表性，其落款處注為：一月十四夜小營三〇四。從發表於1931年5月的時間來看，此詩的創作時間很大的可能是1931年1月14日，他中央大學畢業前的半年。

　　學生時代的陳夢家，有著過於理性的思考，他的生活中還有過一些不愉快的體驗，故而他的心情也常常像秋天一樣感傷，猶如他筆下的雁子一邊叫一邊飛的宿命。從陳夢家1930年11月創作的《秋旅》、《悔與回》和《再看見你》等幾首詩中，我們清楚地看到，糾纏在作者心頭的痛苦有多麼深。一個月之後，即1930年12月，陳夢家創作了自傳體小說《不開花的春天》。如果我們細讀這個小說，就會發現，秋旅中發生的愛情，在小說中有了隱晦地表露。《不開花的春天》之《信（下）》第二十函，作者寫道：「到小城住了兩夜了，一切都好，且靜。我們宿在一家花園裏，晨昏聽到廟角上掛著的鐵馬兒在秋風裏響，我是不能不回來了。」小說中的這個花園，是不是就是《秋旅》詩中提到的「劉伶巷的怡園」，而詩中「廟殿四角上的幽鈴清脆的響」不就是小說中「鐵馬兒在秋風裏響」嗎？當陳夢家寫出《不開花的春天》時，顯然無望了，他斷定，這個將至的春天是不會開花的，因為《秋旅》中的戀人已離他而去。但是，事情常常是反覆不定的，離去的那個人也許又出現了，1931年1月，他寫下《命運的謊》，他在期待一個奇蹟的降臨，「這命運便啟示了我／人的必然遭受的天意，我恨，我恨！但是今天我預感了一種渺渺的神奇」，他把奇蹟想像得無比美麗，但是命運終究和他開了一個玩笑。這首《命運的謊》與陳夢家學生時代的很多詩一樣，有著不可捉摸的迷離。

《吊志摩》這首詩發表於1932年7月《詩刊》第4期，寫作時間注明為「十一月二十夜南京」，說明是寫於1931年11月20日夜晚的南京，徐志摩飛向雲天的第二日。這一天，朋友們剛剛得到志摩死的消息，懷著無比沉痛的心情，陳夢家寫下這首詩追悼自己的老師。

　　《記志摩先生》寫於志摩三週年祭之前。通常人死後，我們都要說些好話，但徐志摩的為人，真的可以說是人人的朋友。陳夢家的回憶絲毫沒有做作，雖然他說的還是志摩的好，他說：「你和他談話，看他常常愛翹起一個大拇指，那是他又在說人好話了。」「他不在人前發愁，更難得發怒，你聽到他說的全是喜笑的口中流出來的智慧，他從來不道人的短長。」「在態度上，志摩是平和的中庸的是儒家風的。」「對於人，愛；對於未來，盼望；信仰生命（因此而創造）；這三樣是志摩全人格的表現。我不必說他是詩人哲士，但他至少是一個真正的「人」，最完全的人！」通篇都是讚美，也許時間逾久，感觸越痛徹，他看得也更真切！

　　對於老師徐志摩的突然離去，陳夢家心頭有著長久的痛，他付實際行動來悼念老師。他搜集老師的遺稿和一些舊作，輯成《雲遊》；在志摩飛升後的第二天，他在南京寫下《吊志摩》詩；在志摩故後一年，當時在北京海甸的陳夢家再次提筆，寫下《紀念志摩》[1]文和《追念志摩》[2]詩，在《紀念志摩》一文中，陳夢家將徐志摩的幾卷詩集一一展開：《志摩的詩》、《翡冷翠

---

[1]　收入《夢甲室存文》，中華書局2006年7月版。
[2]　收入《陳夢家詩全編》，浙江文藝出版社1995年12月版。

的一夜》、《猛虎集》和《雲遊》，從藝術上分析，並且都給予了恰當的評價；當志摩三周年祭的時候，在蕪湖獅子山的陳夢家又寫下《記志摩先生》一文；甚至二十多年後，他還寫了一文《談談徐志摩的詩》，深切地回憶起在南京雞鳴寺徐志摩和他之間的談話，第二天，徐志摩上飛機往北平，從此不回頭。斯人已逝，懷念不會停止，陳夢家對徐志摩的追悼是強烈的，只因為他心中有著澎湃的感情。

　　學者韓石山先生在他的大著《徐志摩傳》[3]中說方瑋德：「和那些確實是或者自命是志摩學生的年輕詩人相比較，他比誰都可貴的是，生前他不一定是志摩最密切的朋友，死後卻成了志摩的最真誠的哀悼者。比誰寫得悼念詩文都多。」這裏我略有一點不同的看法，在志摩故後三年裏，作為徐志摩最得力的兩個學生，固然方瑋德寫了六篇詩文，陳夢家只寫了四篇，但從陳夢家為徐志摩輯《雲遊》、作《紀念志摩》評價徐詩的藝術成果來看，陳夢家的哀悼應該是更見份量。如果再往前追溯，陳夢家還曾受徐志摩之託編《新月詩選》，他是為新月派做過大貢獻的人，這不是每個新月派詩人都能做得好的事。

　　至於上面這組其他的佚詩文，在詩《二十生辰》裏，從出生到童年，從夢想到煩惱，陳夢家感謝命運（主耶和華）的賜予，也不甘心美麗的失去，他要尋求。《二十生辰》和《命運的謊》、《在雨天裏》一樣，都發表在《創作》上。《創作》於1931年5月創刊於南京，反對「口號文學」，主張忠實於社會人

---

[3]　第254頁，北京十月文藝出版社2001年2月版。

生，吸引了沈從文、陳夢家、方瑋德、卞之琳等一批觀點相近的作家。

有意思的是，1931年6月1日出版的《創作》第1卷第2期有一首《倉子》，原以為也是佚詩，誰知後來改了名成《給薇》，後來又改名《小詩》。一首小詩名稱一改再改，似乎預示了作者某種微妙的心理。

陳夢家的詩作還曾被翻譯成英文，《A Soldier Who Died In Defence of Shanghai》（《一個兵的墓誌銘》）發表在《南大週刊‧英文副刊》1932年12月第6期，《Five Chinese Poems：The Lake of the White Horse》（《白馬湖》）發表在《南大半月刊‧英文副刊》1933年2期，翻譯作者均為劉榮恩。此處南大為南開大學。

另外，我還發現陳夢家的譯作也失收，見下：

> 《東方古國的聖詩》，譯詩，載1929年《明燈》第151、
> 152期
> 《歌中之歌》，譯詩，1932年4月良友圖書公司單行本出版，
> 一角叢書
> 《梅士斐詩選》，譯詩，載1933年《文藝月刊》第4卷第1期
> 《白雷客詩選譯》，譯詩，載1933年10月《文藝月刊》第4卷
> 第4期，譯者：趙蘿蕤、陳夢家
> 《兩隻青鳥》，翻譯小說，載1934年《文藝月刊》第6卷
> 第4期
> 《一個絕望的女人》，翻譯小說，載1936年《文藝月刊》第9

　　陳夢家在宗教組織廣學會編的《明燈》上發表的譯詩《東方古國的聖詩》（三首），與他父親是個牧師、長期任廣學會編輯有關，家庭的影響使他對基督教有著天然的感情，這從他存世的一些詩中可以看出。

　　陳夢家翻譯的《歌中之歌》，就是《聖經》中的雅歌，於1932年4月單行本出版，在最初翻譯完成後，陳夢家寄給《南大週刊》，限於篇幅等原因，當時只發表了《〈歌中之歌〉譯序》，後來只有這個序文收於《夢甲室存文》。

　　《文藝月刊》上陳夢家、趙蘿蕤合譯的《白雷客詩選譯》包括序文、詩人白雷客William Blake之生平及譯詩十六首，除了序文收入《夢甲室存文》外，其他均未收入他的作品集。《陳夢家詩全編》所收的《譯白雷客詩一章》原載1934年的《學文》，與《文藝月刊》上白雷客詩並不重複。

　　《文藝月刊》上陳夢家譯的《梅士斐詩選》包括序文、譯詩四首和附錄，附錄是陳夢家寫給方瑋德的信，信上說：「瑋德：你要我代譯的梅士斐的一首詩，已經譯好⋯⋯」，道出了陳夢家譯梅士斐詩的緣由，由此也可以看出兩位年輕詩人之間真摯的友情來，至於其中的譯詩《海狂》，注明是方瑋德譯，到底是方瑋德譯，還是陳夢家代譯了此詩，還需要再辨別。

　　《兩隻青鳥》和《一個絕望的女人》，篇幅均不短，原作者均為英國的勞倫斯。勞倫斯擅長寫各色女人，最著名的作品是

《查特萊夫人的情人》，至於這兩篇小說譯得如何，還是由讀者
自己體會。

2009年7月初稿

2010年5月修改

陳夢家的青島

　　陳夢家在青島的時間極為短暫，今天的人們談到青島的名人，已經很少有人提到他。但是，對陳夢家個人來說，青島有著非同尋常的意義，青島時期開始了他詩風的轉變，過去他隱晦複雜的情感也有了質的變化，所以，青島的幾個月對他來說，同樣是他一生珍貴的記憶。

　　1932年3月上旬，應老師聞一多之約，陳夢家來到國立青島大學當聞一多的助教，到這年的7月離開，他在青島的時間只有四個月。然而，海風的吹拂中，陳夢家完成了他一生難忘的青島之旅。

▼陳夢家、趙蘿蕤

　　聞一多是陳夢家中央大學時的老師，當時中央大學名為國立第四中山大

學，一年後，聞一多到武漢大學任教，國立青島大學成立時，聞一多受聘於青島大學，於1930年8月到青島。

陳夢家是個天才的詩人，他的小詩《一朵野花》一經發表便贏得了聲譽。1931年1月，年僅19歲的陳夢家出版《夢家詩集》，7月陳夢家中央大學畢業，7～8月應老師徐志摩之約，他在上海天通庵的家裡編選《新月詩選》。這年的11月，徐志摩飛機失事，他搜集老師的遺稿，編了《雲遊》。12月，他給自己輯了《鐵馬集》。這時戰爭的炮火響起，陳夢家把《鐵馬集》寄給正在北京的方令孺，他自己則投筆從戎，參加了一·二八戰爭。他與另外三位同學一起，從南京來到上海，投入十九路軍六十一師一百二十二旅旅部，投身在上海南翔的抗日前線戰場，這段時間在1932年1至2月，正是他來到青島之前。

陳夢家出生在一個宗教家庭，因受父親影響，陳夢家從小受過洗禮。兒時受到宗教的洗禮對一個孩子來說只能算是一種形式，戰爭，能真正洗禮一個人的靈魂。軍隊初駐南翔時，部隊限令閘北的居民遷出戰區，於是三天三夜裏，滬寧鐵路上的難民蜿蜒數十裏，無歸的老小在雨雪中行走，遠遠看去像一條黑線，陳夢家在車站立了三天，後來便有了在青島三月二十日夜寫成的《哀息》：

▲青島的浴場

......

三晝夜這一條密集的黑線，

像一條河（平地氾濫的春潮）

不問昏曉不問陰晴，儘管流

流響著他們中心的憂患：

「走啊！走啊！誰教我們這樣的？」

這哀息漸漸流進我的血管，

我凝固著像岸邊一塊石頭。

在南翔的站上我向上海望：

密集的一條黑線像河水

馱著他們的哀息黑夜裏流。

......[1]

　　這是戰爭的初始影響，陳夢家學生時代血液裏的那份兒女情長已然改了顏色，他為他們哀歎，他替他們責問，但是沒有人能夠回答。在戰爭的當下，人是那樣渺小，不為自己所左右。

　　他們所在的部隊，發生了兩次最為危險的經歷。一次是季家橋雪中肉搏戰，該旅第五六團任前鋒。士兵們跌倒又爬起，始終往前衝，子彈在泥地上跳，傷兵染成了一個個血人。陳夢家也在火線上，夜半在戰場上收拾傷亡士兵，當他去別處轉了一下後

----

[1]　陳夢家：《哀息》，《陳夢家詩全編》第95-96頁，浙江文藝出版社1995年12月版。

回來，這時田野裏突起了好些新墳，墳裏有些不曾完全掩埋好的手，還握著手榴彈。敵人的飛機在雪天上飛著叫著。三月十日夜的青島，陳夢家記錄那一刻的景象：「在蘊藻濱的戰場上，血花一行行／間著新鬼的墳墓開，開在雪泥上。」[2]

就在那天傍晚時分，他看到兩個士兵扶著一個老人走過，鄉民們願意回到自己的家鄉，死也不願離開。在青島，陳夢家用一周的時間構思，完成《老人》這首長詩，在形式上，他有意擺脫格律的羈絆，在意識上，他也自覺滿意。

戰場上另一次危險的經歷是他們的部隊駐在一個名叫唐家橋的村莊，被敵人偵察到之後，連續有十多架飛機前來圍攻，隨時都有戰死沙場的可能。

回想這些經歷，當陳夢家到了青島過著安閒的日子、又看著德國人的旗幟在很多的屋頂飄揚時，他一顆心每天憤懣著。沒有比激烈的現實更能撼動一個的心靈了，他一反過去迷惘的心態，先後以前線為內容寫了四首詩，這四首詩：《在蘊藻濱的戰場上》、《一個兵的墓銘》、《老人》、《哀息》，結集為《陳夢家作詩在前線》，1932年4月陳夢家為此寫了序文，1932年7月北平晨報社初版。《鐵馬集》1934年1月正式出版時，又全編收入這四首詩，其中的三首後來又編入《夢家存詩》。《一個兵的墓銘》還被譯成英文，刊於1932年4月的《南開大學週刊》，可見影響不小。

陳夢家的學生時代是迷惘的、痛苦的，他的情感歷程是矛盾的、複雜的，有時候，一種感情的投入，他甚至分不清是友情多

---

[2]　陳夢家：《在蘊藻濱的戰場上》，《陳夢家詩全編》第85頁。

一些還是愛情多一些，那時候，個人的愁緒佈滿了他那顆多愁善感的心。一篇寫於學生時代的《五月》（1930年5月）這樣說：

> 日子是這樣不小心地被糟蹋了，我反而常常煩惱。想到自己墮落在不可自救的火焰中，總望掉下一行眼淚來贖罪。心是變硬的，無論是清夜，細雨或是夜鳥多麼淒涼，我是長久不哭了。性情在年歲上就成異於往日的古怪，我常常拒絕一切交遊，而孤獨地活著。[3]

1931年1月，還是學生的陳夢家因出版《夢家詩集》而一舉成名，但是成名並沒有帶給他多少快樂，同年6月，《夢家詩集》再版，他在序言中這樣寫：

> 人，都有他夢想中的天堂，指盼的方向。但是我沒有。對於自己，更其對於世界，我不曾摸索到一點更顯然的明瞭；像一路風，我找不到自己的地方，在一流小河，一片葉子，和一架風車上我聽見那些東西美麗和諧的聲音，但從來沒有尋到自己的歌。[4]

結束了學生時代，遠離了戰場，來到青島，他還常常心緒不定，於是從《聖經》裏尋找慰籍：

---

[3] 陳夢家：《五月》，《夢甲室存文》第84-85頁，中華書局2006年7月版。
[4] 陳夢家：《〈夢家詩集〉再版自序》，《陳夢家詩全編》第209頁。

我是一個受過洗禮的孩子，但是從小就不曾讀過《聖經》
的全部。近來常為不清靜而使心如野馬，我惟一的活療，
就是多看《聖經》。《聖經》在我寂寞中或失意中總是最
有益的朋友。這一部精深淵博的《聖經》，不但啟示我們
靈魂的超邁，或是感情的熱烈與真實，它還留給我們許多
篇最可欣賞的文學作品。其中的詩，傳說上認為所羅門王
所寫的《歌中之歌》，是一首最可撼人的抒情詩。[5]

　　從讀《聖經》開始，到投入地翻譯《歌中之歌》，陳夢家
的心漸漸地安靜了下來。《歌中之歌》在中國通行的譯名為《雅
歌》，是記錄所羅門和他所愛的蘇拉女的情詩。陳夢家早在1931
年秋天就開始翻譯的，但是朋友六合田津生的病和死使得譯事停
了下來，到了青島，寫完前線詩之後，他用了幾個夜晚譯完了此
詩。隨後，他又為這首詩寫了序言，其中的序文刊於1932年5月
12日出版的《南開大學週刊》第131期上，同年11月，良友公司
初版了《歌中之歌》單行本。
　　青島時期，陳夢家終於告別了學生時代的迷惘，開始了他新
的人生。
　　寫完前線詩，譯完《歌中之歌》，陳夢家拿著他南京時就經
常一起聚會的朋友六合田津生臨死前所贈《白雷客詩集》，在夜中
常常展開詩集念，他折服於詩人奇妙的神靈。白雷客是個神秘的詩
人，常能見到異象，據說他四歲那年，驚奇地看見一樹的天使，尤

---

[5]　陳夢家《〈歌中之歌〉譯序》，《夢甲室存文》第163頁。

其年長以後，異象在他眼裏不斷出入。陳夢家對於白雷客的緣份和他的愛情一樣奇妙，之後，他在北京結識了趙蘿蕤，趙蘿蕤對白雷客詩愛不釋手，她是白雷客忠實的守護者，而他們的家庭有著相仿的宗教信仰，趙蘿蕤的父親是陳夢家所在的燕京大學宗教學院的院長。陳夢家和趙蘿蕤一起，斷斷續續地完成了《白雷客詩選譯》，譯詩的地方分別是青島、上海、蘇州和南京等地。

陳夢家在青島的很多日子是和聞一多一起度過的。陳夢家是聞一多最器重的學生，當時有「聞門二家」之說，聞一多常常得意地對人說，「我左有夢家、右有克家」，臧克家那時在青島大學讀書。

聞一多和陳夢家是最投緣的一對師生，那時他們是同事，他們在一起總有說不完的話題。青島的公園有各種花盛開著，他們在公園流連忘返，走累了，隨便找個平坦的地方坐下休息，一卷紙煙在手，繼續他們的話題。他倆又常常早晚去海邊散步，聞一多最愛站在海岸上看洶湧的大海，陳夢家常常陪伴在側。有一天清晨，陳夢家寫下一首《海》的小詩，以後，陳夢家到了北京海甸，回憶起青島濱海夜步，他又寫下《影》一詩。

晚間無事的時候，師生兩人手持一冊詩卷，吟詠著古代詩人或外國詩人的詩篇。他們之間有著濃厚的讀詩的興會。這時候，陳夢家開始翻譯白雷客詩選，翻譯的第一首白雷客的詩《小羊》，是聞一多和陳夢家一起商量著推敲出來的，定稿於1932年5月26日的青島。這首詩簡單純樸，但是如果只是簡單的重疊，就會失去原詩的光輝，所以他們對於處理詩所作的苦慮比所得到的快樂要多，但是他們歡喜這樣付出。

陳夢家學得他老師的氣派，名士風度十足，有一次聞一多寫短信給他，稱「夢家吾弟」，陳夢家回稱「一多吾兄」，讓聞一多大大訓斥了一頓。

聞一多在青島，由詩人一變為學者，他投入《詩經》、《離騷》和唐詩的研究，陳夢家見過聞一多為《詩經》畫的那些畫。在學術上，陳夢家受到的影響是深遠的，後來他自己也從詩人轉為學者，他從研究古代的宗教、神話、禮俗而轉向古文字學和考古學的研究，這些，無不受青島時期聞一多的影響，可是說，青島也是陳夢家學術生涯的起點。

「聞門二家」也常在一起交流，陳夢家和臧克家一起，談詩改詩。

青島，在陳夢家眼裏已經有了色彩了。我不知道，這會不會只是我一廂情願的假設，我想不是的，我從陳夢家的作品裏理解他。

告別苦悶的學生時代，陳夢家青島的生活有著無限的生機。

青島的午夜有時會傳來德國教堂的鐘聲，詩人的陳夢家想起幼年在南京西城的一所神道院，父親抱著他倚著欄杆唱叮噹歌，那歌聲令他滿身舒暢。他最不能忘記的是抱住在父親的膝蓋上摸他的鬍子，聽父親講耶穌的故事，也正是《聖經》上的那些故事，促成了他對文學的愛好。如今青島德國教堂的鐘聲，把他的心帶回到童年、帶回到父親身邊。他寫下《叮噹歌》，把最美的祝福獻給父親。

可是，人事方面有很多不幸，國立青島大學的命運從它成立之始就非常不順利，在最初成立的兩年內，先後發生了三次學潮，這些學潮中，聞一多又成了不受歡迎的人物，所以他說得有些喪氣：「我們這青島，凡屬於自然的都好，屬於人事的種種趣

味，缺憾太多。」[6]「前次信來，正值我上北平挽留校長去了，等我回來，校中反對我的空氣緊張起來，他們造謠說我上北平是逃走的。現在辦學校的事，提起來真令人寒心……我與實秋都是遭反對的，我們的罪名是「新月派包辦青大」。我把夢家找來當小助教，他們便說我濫用私人，鬧得夢家幾乎不能安身。情形如是，一言難盡。你在他處若有辦法最好。青島千萬來不得，正因你是不折不扣的新月派。」[7]

當時的青島大學，也真可是新月派的天下，聞一多、梁實秋、方令孺、沈從文、陳夢家、孫大雨等都曾在青島大學執教，新月派其他一些詩人如胡適、卞之琳、葉公超也到過青島，甚至傳說魯迅想到青島，但是考慮到那裏是新月派的陣地，於是他的青島之行取消了。

「新月派包辦青大」的結果，是新月派受到了攻擊，有次，學生在黑板上畫了一隻烏龜一隻兔子，旁邊寫「聞一多與梁實秋」。終於，聞一多和陳夢家先後離開了青島。臨行前，他們結伴往泰山，因遭遇風雨，他們在靈巖寺住了三天，談笑終日而未及學校之事。泰山和大海，同是他們的最愛。一年之後，陳夢家寫下浩然長詩《往日》，其中之三《陸離》，從大海寫到了泰山，熱情奔放的感情一瀉千里，讓人讀來激情飛揚：

　　我與遠處的燈塔與海上的風

---

[6]　聞一多1932年6月9日致信吳伯簫，《聞一多書信選集》第226頁，人民文學出版社1986年10月版。

[7]　聞一多1932年6月16日致信饒孟侃，《聞一多書信選集》第227頁。

說話，我與古卷上的賢明詩人
在孤燈下聽他們的詩歌：像我
所在的青島一樣，有時間長風
怒濤在山谷間奔騰，那是熱情；
那是智慧明亮在海中的浮燈，
它們在海浪上吐出一口光，
是黑夜中最勇敢而寂寞的歌聲。

接著他寫泰山：

從那裏我又沿溪水間的銀杏，
跨過雲飛的橋，穿過絕壁危崖，
我登泰山的絕頂呼喊長風，
要它帶回古代人曾經的足響；
七十餘王的登封，誰更數得清？
哪裏是秦始皇雄視九州的駐石？
還有為天下木鐸的孔丘，他來登
岱頂遙望九點煙的齊魯，天下
變小了，誰再能有他浩博的胸襟？[8]

　　八百行長詩《往日》，是陳夢家詩歌創作的顛峰，從內容
到格律，都異於往日，氣勢磅礴的詩生命中傾注了作者非凡的氣

---

[8]　陳夢家：《往日》之三《陸離》，《陳夢家詩全編》第192-193頁。

息，沒有人讀來不被折服的。

　　那裏有青島留給他的，雖然那時他已經離開了青島。

2009年5月23-24日　月23-24日

林徽因徐志摩的英倫之戀

一、前奏

林徽因到英國的時間。林徽因是隨父親林長民由滬抵法轉英國的，他們到英國的時間，臺灣學者秦賢次先生在《徐志摩生平史事考訂》[1]一文中給出了相對具體的日期，即他們乘坐的航船，1920年4月1日由滬開航，船行36天，於5月7日抵馬賽，如果路上不耽擱，第二天即可到巴黎，因此最快5月9日即可抵倫敦。這個時間與陳學勇先生收入《蓮燈微光裏的夢——

▼林徽因，1920年在倫敦

林徽因的一生》中的《林徽因年表》，兩者基本上吻合，《林徽因年表》在1920年這條下：「4月1日，林徽因隨林長民由上海

---

[1]　秦賢次：《徐志摩生平史事考訂》，《新文學史料》2008年第2期。

登法國郵船Pauliecat去倫敦，張元濟、高夢旦、李拔可等至碼頭送行。……5月7日，郵船抵達法國。約5月中下旬，到倫敦，寓Rortland旅館。」[2]。林長民赴英，是因其為「中國國際聯盟同志會」代表。「國際聯盟協會」1918年成立，總部設在比利時，北京成立了中國分會，林長民以中國國際聯盟同志會駐英代表的身份參加過此協會。

徐志摩到英國的時間。徐志摩1918年8月14日離滬赴美，9月入美國克拉克大學歷史系讀書，1919年9月入哥倫比亞大學經濟系攻讀碩士學位。1920年9月24日離美赴英。10月上旬入倫敦大學政治經濟學院讀博士學位。不久，認識陳源，並與英國作家威爾斯、魏雷等結交。

▼林徽因畫作

1920年11月26日徐志摩致父母信：「即今紛媳出來事，雖蒙大人慨諾，猶不知何日能來？……兒自到倫敦來，頓覺性靈益發開展，求學興味益深，庶幾有成其在此乎？兒尤喜與英國名士交接，得益倍蓰，真所謂學不完的聰明。」[3]徐志摩催促張幼儀出來是早已商量過的事，他父母也同意，只是還沒有正式付之行動，並且徐志摩說，

---

[2] 陳學勇：《林徽因年表》，《蓮燈微光裏的夢——林徽因的一生》第259頁，人民文學出版社2008年8月版。

[3] 徐志摩1920年11月26日致父母信，《志摩的信》第3頁，學林出版社2004年7月版。

他自到倫敦以來，性靈頓開，求學興趣更濃，更喜歡與英國名士交往。

　　林長民、林徽因父女抵倫敦後，自1920年8月7日起，林徽因隨父親往歐洲大陸遊覽，至9月15日返回倫敦。9月20日，林徽因考入英國St. Mary College學校，23日開始上課。

　　1920年10月，剛抵達倫敦的徐志摩是好奇而新鮮的，歐遊回到倫敦不久的林徽因是孤獨的，他們在各自的生活裏感受著倫敦的秋天。

　　10月5日，林長民赴歐洲大陸（從林徽因後來的信中知道應該是去瑞士國際聯盟），林徽因獨居倫敦，她的孤獨無法排遣。關於這段獨居生活，多年後林徽因有過回憶：

　　　好比差不多二十年前，我獨自坐在一間頂大的書房裏看雨，那是英國的不斷的雨。我爸爸到瑞士國聯開會去，我能在樓上嗅到頂下層樓下廚房裏炸牛腰子同洋鹹肉，到晚上又是頂大的飯廳（點一盞頂暗的燈）獨自坐著（垂著兩條不著地的腿同剛剛垂肩的髮辮），一個人吃飯一面咬著手指頭哭—悶到實在不能不哭！理想的我老希望著生活有點浪漫的發生，或是有個人叩下門走進來坐在我對面同我談話，或是同我同坐在樓上爐邊給我講故事，最要緊的還是有個人要來愛我。我做著所有女孩做的夢。而實際上卻只是天天落雨，我從不認識一個男朋友，從沒有一個浪漫聰明的人走來同我玩—實際生活上所認識的人從沒有一個像我所想像的浪漫人物，卻還

加上一大堆人事上的糾紛。[4]

　　根據《林徽因年表》，林徽因在英國期間，有過兩次獨居生活，除了1920年10月這次外，還有一次是1921年6月林長民再度赴歐洲大陸，後一次林徽因與徐志摩不單相識，而且還正處在熱戀之時。

　　為什麼說林徽因致沈從文信中提到的獨居是指1920年10月而不是1921年6月？1920年10月，是林徽因抵英國後、父親帶著她歐遊重返倫敦不久，「從不認識一個男朋友，從沒有一個浪漫聰明的人走來同我玩。」這裏的男朋友應該指男性朋友，沒有證據表明那時的林徽因已廣交朋友，進入英倫社交圈、認識徐志摩，都是稍後的事。如果這時已認識了徐志摩，那麼徐的浪漫是林自己一向承認的事，她就不會有這種說法了。而如果她說的「男朋友」是專指談戀愛的男朋友，就用不著「一個」的說法了，何況她的要求簡單到甚至只要有一個人進來跟她說話就行了，所以，這樣孤獨的日子只能是發生在1920年10月。

　　另有說法林徐此時已相識是不可靠的。

　　這裏還有一個旁證可以證明林徐的相識至少在1920年11月17日以後的一段時間：「收到半本共128頁，始自1920年11月17日，以『計畫得很糟』一句告終。」[5]而「這半冊日記正巧斷在剛要遇到我的前一兩日」。[6]

---

[4]　林徽因1937年11月9-10日致沈從文信，《林徽因文集》文學卷第339頁，百花文藝出版社1999年4月版。
[5]　林徽因1932年1月1日致胡適信注釋，《林徽因文集》第326頁。
[6]　林徽因1932年1月1日致胡適信，《林徽因文集》第326頁。

其時，因為徐志摩八寶箱內的最後半冊康橋日記（之前凌叔華已將包括志摩兩冊康橋日記在內的八寶箱交給胡適，胡適又將八寶箱交給林徽因整理）而在京城鬧得不可開交，林徽因將她從胡適手上拿到的八寶箱內志摩日記詳細地寫信告知胡適。從1920年11月17日到林徐相識這段時間，徐志摩還有半冊日記的記錄在案，說明這段時間不會只有幾天。

因為徐志摩的催促，1921年初，張幼儀來到英國，兩人暫住中國同學會。

二、相識

林徽因徐志摩相識在1921年1月。

關於他倆最初的見面，林徽因1931年11月在徐志摩遇難後的懷念文章中說得明白：

▼徐志摩

> 我認得他，今年整十年，那時候他在倫敦經濟學院，尚未去康橋。我初次遇到他，也就是他初次認識到影響他遷學的狄更生先生。[7]

---

[7]　林徽因：《悼志摩》，《林徽因文集》第5-6頁。

徐志摩遇到狄更生，他自己也說過：

> 我在倫敦政治經濟學院裏混了半年，正感著悶想換路走的時候，我認識了狄更生先生……我第一次會著他是在倫敦國際聯盟協會席上，那天林宗孟先生演說，他做主席；第二次是宗孟寓裏吃茶，有他。以後，我常到他家裡去。[8]

也就是說，在這個會上，徐志摩同時認識了影響他一生的林徽因和狄更生。

那麼這個倫敦的國際聯盟協會是哪天召開的？

根據秦賢次先生《徐志摩生平史事考訂》一文，在倫敦召開的「國際聯盟協會」會議是臨時會議，時間在1921年1月，這次會議由英國國際聯盟協會首席代表狄更生擔任主席。林長民在會上演說，林徽因徐志摩認識了。

既然是這麼清楚的說法，為什麼林徐相識的具體時間一直以來總是沒有搞清楚呢？問題在於一封信的時間出了偏差，以致引起了人們的誤解。

那是林長民的一封信，「長函敬悉，足下用情之烈，令人感悚，徽亦惶恐，不知何以為答，並無絲豪〔毫〕mockery（嘲笑），想足下〔誤〕解耳。星期日（十二月三日）午飯，盼君來談，並約博生夫婦，友誼長葆，此意幸亮察之。」[9]

8　徐志摩：《我所知道的康橋》，《徐志摩全集》第二卷第335頁，天津人民出版社2005年5月版。

9　林長民某年12月1日致徐志摩信，《志摩的信》第230-231頁，學林出版社2004年7月版。

這封信手跡印影見於《志摩的信》一書中，原信落款時間僅署12月1日，《志摩的信》推斷時間為1921年，陳學勇先生推斷的時間則更早，為1920年。

　　秦賢次先生對此信的考證時間為1922年12月1日。現在同樣可以查萬年曆，從1920年到1925年林長民死於非命，只有1922年的12月3日是週日。

　　我看過學者陳學勇先生兩個不同時間編就的《林徽因年表》，時間在前的是收入《才女的世界》一書，2001年5月出版，這個年表對林徽因父女1920年抵英國倫敦時間定在4月，到了2008年8月《蓮燈微光裏的夢——林徽因的一生》出版時，附錄的年表中，1920年離國及抵英時間具體了，只是對上面提到的林長民的信，他還是採用1920年，真讓人費解。因為秦賢次先生的文章發表在2008年第2期的《新文學史料》上，此期出版時間為2008年5月22日，陳學勇先生大概會看到的，而且此信1922年這個時間是不容懷疑的。所以，以此為憑認定他們認識在1920年是不確的。

三、相戀

　　1921年春天，經狄更生介紹，徐志摩成了劍橋皇家學院特別生，與張幼儀一起住劍橋附近沙士敦鄉下，與他們同住的還有一個中國留學生郭虞裳。徐志摩利用附近的理髮店，頻繁地寄信、收信。為此，張幼儀晚年回憶時說，她是幾年之後，才從郭虞裳那裏得知徐志摩之所以每天早上趕忙出去，的確是因為要和住在倫敦的女朋友聯絡。

相對於其他任何人，一起同住的郭虞裳應該是最清楚的，他說得明白，主要是倫敦來信，而不是其他地方，如有人說是袁昌英所在的愛丁堡大學，愛丁堡大學應該也是有信來的，但沒有倫敦來信這麼頻繁。

▼1920年林徽因與父親林長民

1921年6月，林父再度遊歷歐洲，林徽因獨自留在倫敦。從春天徐志摩到康橋，到林徽因獨居倫敦，最後回國，這一段時間，就是林徐的相戀時期。

兩情相悅總是愉快的，相戀更是難忘的。十年之後，林徽因無比動情地寫道：

> 一方面我又因為也是愛康河的一個人，對康橋英國晚春景子有特殊感情的一個人，又似乎很想「努力」「嘗試」（都是先生的好話），並且康橋那方面幾個老朋友我也認識幾個，他那文章裏所引的事，我也好像全徹底明白……[10]

林徽因當時在倫敦，為什麼對徐志摩的事這麼熟悉、對康橋這麼有特殊感情，還不是因為徐志摩，還不是因為和徐志摩相

---

[10] 林徽因某年某月某日致胡適信，《林徽因文集》第328頁。

戀，這才如此難忘。

關於康橋的「晚春」，時間大致在六、七月間，徐志摩在《我所知道的康橋》一文裏提到，英國是幾乎沒有夏天的，那麼六、七月至少六月完全還可以看作是晚春。這個時間，林父不在倫敦，林徐沉醉在康橋的晚春景色裏，沉醉在愛情的迷戀裏，一點不錯，她才會對康橋這麼熟悉，這麼有著特殊的感情。

因為與林徽因的相識相戀，徐志摩才開始了他的詩歌創作。

徐志摩1931年8月出版的詩集《猛虎集》的序文中有這樣一段話，對於我們理解這段戀情、理解他從理想成為中國的漢密爾頓而轉變為詩人同樣有幫助：

> 整十年前我吹了一陣奇異的風，也許照著了什麼奇異的月色，從此我的思想就傾向於分行的抒寫。一份深刻的憂鬱占定了；這憂鬱，我信，竟於漸漸的潛化了我的氣質。[11]

這段話，這些特別的意境，林徽因也曾回應過：

> 他為了一種特異的境遇，一時特異的感動，從此在生命途中冒險，從此拋棄所有的舊業，只是嘗試寫幾行新詩……這些，還有許多，都不是我們尋常能夠輕易瞭解的神秘。[12]

另外一次，林徽因說得也許更明白：

---

[11] 徐志摩：《猛虎集·序》，《徐志摩全集》第三卷392頁。
[12] 林徽因：《悼志摩》，《林徽因文集》第8頁。

我們僅聽到寫詩人自己說一陣奇異的風吹過，或是一片澄清的月色，一個驚訝，一次心靈的振盪，便開始他寫詩的嘗試，迷於意境文字音樂的搏鬥，但是究竟這靈異的風和月，心靈的振盪和驚訝是什麼？是不是仍為那可以追蹤到內心直覺的活動；到潛意識後而綜錯交流的情感與意象；那意識上理智的感念思想；以及要求表現的本能衝動？奇異的風和月所指的當是外界的一種偶然現象，同時卻也是指它們是內心活動的一種導火線。詩人說話沒有不打比喻的。[13]

這內心活動的導火線，也正應了徐志摩的話：「我這一生的周折，大都尋得出感情的線索。」[14]

因為這件事，導致徐志摩成為詩人，也間接地引發了後來的空難，所以後來談到康橋英文日記時，林徽因說：

我覺得這樁事人事方面看來真不幸，精神方面看來這樁事或為造成志摩為詩人的原因，而也給我了人格上知識上磨練修養的幫助，志摩in a way（從某方面）不悔他有這一段苦痛歷史，我覺得我的一生至少沒有太墮入凡俗的滿足，也不算一樁壞事，志摩提醒了我，他變成一種stimulant（激勵），在我生命中，或恨，或怒，或happy或sorry（幸運或遺憾），或

---

[13] 林徽因：《究竟怎麼一回事》，《林徽因文集》第44-45頁。
[14] 徐志摩：《我所知道的康橋》，《徐志摩全集》第二卷第334頁。

難過，或苦難，我也不悔的，我也不proud（得意）我自己的倔強，我也不慚愧。[15]

時過境遷，對於當年戀愛這件事，也沒有什麼好慚愧的。

關於這段戀愛史，凌叔華是清楚的，一則凌叔華是徐志摩的知己，徐志摩什麼秘密都講給她聽，再則，她受徐志摩所托，保管過八寶箱且看過八寶箱中的康橋日記，晚年凌叔華回憶：

> 他（指徐志摩）的生活與戀史一切早已不厭其煩的講與不少朋友知道了，他和林徽音、陸小曼等等戀愛也一點不隱藏的坦白的告訴我多次了，本來在他靈信傳來，我還想到如何找一二個值得為他寫傳的朋友，把這個擔子託付了，也算了掉我對志摩的心思。（那時他雖與小曼結婚，住到上海去，但他從不來取箱子）不意在他飛行喪生的後幾日，在胡適家有一些他的朋友，鬧著要求把他的箱子取出來公開，我說可以交給小曼保管，但胡幫著林徽音一群人要求我交出來（大約是林和他的友人怕志摩戀愛日記公開了，對她不便，故格外逼胡適向我要求交出來），我說我應交小曼，但胡適說不必。他們人多勢眾，我沒法拒絕，只好原封交與胡適。可惜裏面不少稿子及日記，世人沒見過面的，都埋沒或遺失了。[16]

---

[15] 林徽因致胡適信，《林徽因文集》第322頁。
[16] 凌叔華1982年10月15日致陳從周信，《凌叔華文存》下卷第930-931頁，四川文藝出版社1998年12月版。

林长民致徐志摩手迹

雖然時間相隔很久，但林徐相戀這些事凌叔華是清楚。

陳學勇先生在《林徽因與徐志摩「戀情」考辨》[17]一文中，提到幾個人，如陳岱孫、陳意、冰心等，都否認林對徐會產生戀情，並說凌叔華認定林徐談過戀愛，只有凌叔華的說法出現偏差，事實上，偏偏只有凌叔華是知情人。

我不明白的是，因為對方才華出眾，一個女子傾情於他，這又有什麼錯？後人非要替她遮掩這個事實，公平嗎？是不是沒有這些林徽因才是完美的？但是人總是不完美的，何以這樣苛求？何況，她這樣的不完美在普通人眼中已是很完美了！

四、背景

接下來，我們要分析一下，林徽因有沒有可能對徐志摩產生愛慕之情，也就是林徽因對徐志摩產生愛情的背景因素是否存在。回答是肯定的。

林長民讓林徽因讀的是教會學校，教會學校讓林徽因從小接觸到西方文化，並且受到正規教育。她自己也這樣說：

---

[17] 陳學勇：《才女的世界》，崑崙出版社2001年5月版。

你們知道，我是在雙重文化的教養下長大，不容否認，雙重
文化的接觸與活動對我是不可少的。[18]

　　雙重文化影響下的林徽因，早已不是一個舊式女子，她對金
岳霖的愛情也可說明這一點。今天我們還可以看到收入《林徽因文
集》中的幾封書信，其中唯一一封致金岳霖的寫於1943年，信末落
款是「徽寄愛」，而她寫給丈夫梁思成1953年的兩封信，落款僅是
「徽因」，那麼幾十年前，當她還是一個情竇初開的少女的時候，
對一個心儀的男子產生浪漫的愛情也就更加不足為奇了。
　　沈從文一度陷入感情危機，對此她有很多感觸：

　　過去我從沒想到過，像他那樣一個人，生活和成長的道路如
　　此不同，竟然會有我如此熟悉的感情，也被在別的景況下我
　　所熟知的同樣的問題所困擾。[19]

　　這話頗耐人尋味，「如此熟悉的感情」、「我所熟悉的同樣
的問題」，說明她自小生活的舊式家庭，她後來的生活道路上，
這種非一般的感情也是尋常得很。
　　同時，林徽因在倫敦，身處浪漫主義發源地的英國，這種影
響也是潛移默化的，上面提到的信：

---

[18] 林徽因致費正清、費慰梅信，《林徽因文集》第357頁。
[19] 林徽因致費正清、費慰梅信，《林徽因文集》第354-355頁。

理想的我老希望著生活有點浪漫的發生，或是有個人叩下門
走進來坐在我對面同我談話，或是同我同坐在樓上爐邊給我
講故事，最要緊的還是有個人要來愛我。我做著所有女孩做
的夢。[20]

　　她等著有個人來愛她，正好徐志摩來了，她不由自主地投入
了進去。

2009年1月

---

[20]　林徽因1937年11月9-10日致沈從文信，《林徽因文集》第339頁。

徐志摩八寶箱兩處疑點探佚

徐志摩的八寶箱，一直是個迷，長久以來，很多人有過對八寶箱的考辨，我在此作兩點補充。

一、凌叔華交回後，八寶箱的去向

因為與陸小曼相戀引起非議，1925年3月10日，徐志摩離開北京啟程去歐洲。行前，將八寶箱交給凌叔華，並交待，若發生意外，要叔華寫傳記。徐志摩歐遊回來，後與陸小曼結婚，日記仍一直存在凌叔華家。

▼陸小曼日記手跡

1928年6月到10月，徐志摩因不滿陸小曼過著幾近墮落的生活，出國漫遊。

1928年10月，陳西瀅往武漢大學任教，凌叔華作為家屬同往。臨行前，凌叔華將八寶箱交給麗琳[1]而非卞之琳，對此事的考辨見於高恒文、桑農《徐志

---

[1] 金岳霖同居女友Lilian Tailor。

▼1922年，林徽因（中）、梁思成（右）等於林家
　雪池

摩生命中的女性》[2]
中《八寶箱事件之真
相》一節，當時金
岳霖攜女友借居在凌
家，凌家買下的這個
宅子，也就是林徽因
剛從英國回國住過的
雪池。

　　1928年11月上旬，徐志摩歸國回到上海，12月7日徐志摩一
到北平，就被金岳霖、麗琳等朋友們接到凌家，住了一晚。第二
天，徐志摩去協和醫院探望病重住院的梁啟超，在醫院，見到了
梁思成和從美國趕回來護理梁啟超的林徽因。

　　徐志摩就是那一次去凌叔華家拿到了他的八寶箱。當時凌叔
華夫婦在武漢，家裡住有凌老太太及老金和他的女友麗琳等人。
但是那個晚上朋友太多，沒來及打開，直到第二天。

　　林徽因在徐志摩過世後拿到這個箱子，整理箱中內容，1932
年元旦致胡適信，說到這件事：

> 此箱偏偏又是當日志摩曾寄存她處的一個箱子，曾被她私開
> 過的（此句話志摩曾親語我。他自叔華老太太處取回箱時，
> 亦大喊「我鎖的，如何開了，這是我最要緊的文件箱，如何
> 無鎖，怪事──」又「太奇怪，許多東西不見了missing，旁

───────
[2]　天津人民出版社，2000年3月版。

有思成Lilian Tailor及我三人。[3]

　　徐志摩拿到八寶箱之後，他是如何處理這個視若珍寶的箱子的呢？放在上海的家裡？太不安全了，因為裏面有記錄他和林徽因的「康橋日記」。徐志摩寫的林徽因在雪池時的日記曾被陸小曼燒掉過。當時徐志摩常去看望林徽因，這是他雪池日記的由來。

　　整三年前，他北來時，他向我訴說他訂婚結婚經過，講到小曼看到他的「雪池時代日記」不高興極了，把它燒了的話，當時也說過：不過我尚存下我的「康橋日記」。[4]

　　徐志摩把八寶箱帶回了硤石老家，這是最安全的地方，林徽因為我們提供了線索：

　　大半年前志摩和我談到我們英國一段事，說到他的「康橋日記」仍存在，回硤石時可找出給我看。如果我肯要，他要給我（因為他知道我留有他當時的舊信，他覺得可以收藏在一起）。[5]

　　1928年12月，徐志摩拿到八寶箱之後，1929年1月回過硤石，幾乎可以肯定就是那次回硤石帶去的。那時候，他和朋友討

---

[3] 林徽因1932年元旦致胡適信，《林徽因文集》第326頁，百花文藝出版社1999年4月版。

[4] 林徽因1932年元旦致胡適信，《林徽因文集》第324頁。

[5] 林徽因1932年元旦致胡適信，《林徽因文集》第324頁。

論農村建設試驗地的問題，他選擇他的家鄉嘉興「南北湖」作為試驗基地：

> 下周我將往一處名為「南北湖」的地方看看，我看，那裏離家不過30里左右——美極了，人家說可以和你所認識的西湖抗衡，我很快會再寫信給你。[6]

到了南北湖，就等於到了硤石，所以回家是一定的。

二、為何八寶箱再度回到凌叔華手中

我們知道，八寶箱中的日記，以後是從凌叔華之手交給胡適，再由胡適轉交林徽因的。那麼，日記原本好好在藏在硤石老家，徐志摩為什麼又要第二次交給凌叔華保管呢？叔華不是私自打開過他的八寶箱，為何志摩還是那麼信任她呢？

沈從文的信解開了我們這個疑問：

▼凌叔華為徐志摩畫的賀年片「海灘上種花」

> 八月間我離開北平以前，在你樓上我同他（筆者注：指徐志摩）談到他的故事很久，他當時說到最適於保管他案件的人，是不甚說話的叔華。他一定有他的苦心。因為

6　1929年1月7日徐志摩致恩厚之，《志摩的信》第443頁，學林出版社2004年7月版。

當時還同我說到，等了老後，等我們都老一點後，預備用我老後的精力，寫他年輕的故事，可以參考百寶箱的一切。[7]

所以我到青島後，他來信還說已經把百寶箱帶來了，等將來到北京看。[8]

徐志摩想把八寶箱的東西給沈從文，但覺得目前還沒開始寫傳記的情況下，由凌叔華保管比較放心。事實上，沈從文並沒有看到過八寶箱。

徐志摩對凌叔華的信任，首先在於兩個人非同一般的交情，看看志摩寫給她的信就明白了一半，再次，徐志摩覺得把這些關係重大的資料交給叔華保存最是可靠。

還有一個原因，1931年4月徐母過世，他和父親鬧翻了，硤石都不想回去了，也就不適合存放八寶箱了。

這樣看來，徐志摩是在沈從文離京之後的八月中，從硤石取回八寶箱帶回北京的。那個暑假，照他自己說，在京滬間來去八次（《猛虎集序》）。而九月份秋季開學後，他在北平，一直沒時間回南，直到去世前幾天，11月11日南下上海。

正好，這年夏天，凌叔華自武漢來京避暑，也許是上一年剛剛生下女兒小瀅需要更多的休息，也許是她太留戀北平，1929年10月16日她曾致信胡適：「武昌是個具有中國城市劣點的地方，所以除了蹲在家裡，哪裏也別想去。房子又小院子又狹，陽光也

---

[7]　沈從文1931年12月12日致胡適信，《沈從文年譜》第119頁，天津人民出版社。
[8]　沈從文1931年12月12日致胡適信，《沈從文年譜》第119頁。

不能多看到一片！這種無聊生活怎好呢？」[9]她一直到11月還在北平。同年12月16日，陳西瀅致信胡適：「叔華在這裏，卻實在是活埋。她時時悶得要哭，我也沒法子勸慰。」[10]所以，凌叔華帶著幼小的女兒在北京逗留這麼長時間也就不奇怪了。

這樣，八寶箱又回到了凌叔華手裏，這才有後來胡適在林徽因的要求下，幾次索要八寶箱康橋日記的事。

▼陸小曼國畫花鳥小品

9　《中國兒女——凌叔華佚作‧年譜》第221頁，上海書店出版社2008年6月版。
10　《中國兒女——凌叔華佚作‧年譜》第221頁。

巴金和他的《滅亡》

　　手捧這本作為「巴金著作紀念本文叢」之一的《滅亡》，我是在一夜之間讀完的。早就想讀巴金的這部處女作，但是一個有著豐富創作的作家，對於普通讀者來說，那是一個考驗：巴金的書實在太多了。書店裏也看不到《滅亡》，好在終於有了現在的這個版本。這是由上海巴金文學研究會策劃、上海人民出版出版的。感謝編者的認真和

▼巴金於赴法護照上的照片

細心，除了小說文本、巴金自己的序、七版題記和編者說明外，還收錄了當時巴金的兩幀照片和《〈滅亡〉作者底自白》、《談〈滅亡〉》、《沙多－吉里》三篇相關的文章，讓我們在讀完這部小說之後，瞭解到巴金創作這部小說的過程——他不斷被矛盾、痛苦折磨著的心路歷程。

　　1927年初，經過漫長的一個多月的海上航行，巴金和他的朋友經馬賽抵達巴黎。

　　巴黎，這是多少人嚮往的地方，但是在這個繁華的都市裏，年輕的巴金並沒有平靜的日子。離開法國三十年後，他這樣回憶：

每天晚上十一點以後，我從夜校出來，走在小雨打濕了的清靜的街上，望著巴黎的燃燒一般的杏紅色天空，望著兩塊墓碑似地高聳在天空中的巴黎聖母院的鐘樓，想起了許多關於這個「聖母院」的傳說。我回到旅館裏，在煤氣灶上煮好了茶，剛把茶喝完，巴黎聖母院的悲哀的鐘聲又響了，一聲一聲沉重地打在我的心上。[1]

巴黎聖母院的鐘聲是悲哀的，只因為他自己的心充滿了悲哀：

在這人生地疏的巴黎，在這憂鬱、寂寞的環境，過去的回憶，折磨我，我想念我的祖國，我想念我的兩個哥哥，我想念國內的朋友，我想到過去的愛和恨，悲哀和歡樂，受苦和同情，鬥爭和希望，我的心就像被刀子割著一樣，那股不能撲滅的火又在我的心裏燃燒起來。[2]

在另外一些文章裏，巴金還說到他住所附近廣場上的盧梭銅像，銅像上的盧梭拿著書和草帽，巴金深情地寫道：「我想起五十二年前，多少個下著小雨的黃昏，我站在這裏，向「夢想消滅壓迫和不平等」的作家，傾吐我這樣一個外國青年的寂寞痛苦。」[3]「又有一個時期我每天到巴黎先賢祠廣場上盧騷（梭）銅

像前訴說我的痛苦，我看不見光明。」[4]

思鄉的情感、寂寞的心緒、追求光明的心、心中不能撲滅的火，因為需要感情的發洩，巴金於是借紙筆消愁。這也是很多人會選擇的一種方式，文人，除了借酒消愁外，紙筆實在是另一種消愁的好辦法。

但是，為什麼思念竟會那樣痛徹人的心肺？因為思念過去的一切人和事，交集在一起的是「愛和恨，悲哀和歡樂，受苦和同情，鬥爭和希望」，於是，在巴黎聖母院悲鳴的鐘聲裏，巴金的練習本上出現了後來成為《滅亡》的前四章和《滅亡》中一些關於愛恨交織的篇章，如《愛與憎》、《一個平淡的早晨》等。

傳記裏說，巴金來到法國，是因為法國乃近代無政府主義運動的發源地，巴金受著無政府主義思想影響極深，甚至他就是一個無政府主義者。到法國之前，他和英國的高德曼通信，翻譯了克魯泡特金的《麵包略取》。到了巴黎，一個人出現了，那是被巴金稱為「先生」的樊塞蒂。那時，薩柯和樊塞蒂這兩個無政府主義者，因美國一家公司大額美金被搶、相關人員被殺，而被作為嫌疑犯逮捕且被判死刑，在美國監獄關了六年。巴金讀樊塞蒂自傳，樊塞蒂自傳裏的話深深地吸引了巴金：「我希望每個家庭都有住宅，每張口都有麵包，每個心靈都受到教育，每個人的智慧都有機會得到發展。」巴金還是坐在那個清靜的小房子裏，他把自己苦悶掙扎的心情全寫在信上，信件最後到了樊塞蒂手裏。樊塞蒂寄來一包書和一封長信，他鼓勵巴金：要忠實地生活，要

---

[4] 巴金：《我與開明》，《隨想錄》第614頁。

愛人，要幫助人。又說，青年是人類的希望。

樊塞蒂的信讓巴金興奮不已，樊塞蒂所帶給他的正是理想社會閃耀的光芒，這正是他苦苦尋覓的東西。

不久，因為身體狀況欠佳，巴金聽從醫生的建議，來到瑪倫河上一個安靜的小城沙多－吉里，他和幾個同學住在拉封丹中學。拉封丹是十七世紀出生在沙城的法國寓言詩人，學校以他的名字命名。

巴金的幾個同學中，一個叫巴恩波，但是相處不到一個月就去了巴黎，一年後傳來他自殺的消息，巴金筆名中的「巴」因他而起。另一個同學桂丹華，他們一起學了好幾個月的法文，後來進了一所大學。一次桂丹華來信講述了一個美麗的愛情故事，這個故事還讓巴金寫成了《滅亡》中《一個愛情的故事》，用在小說中一個巴金並不喜歡的人身上。為了對好友有個交待，巴金後來另寫了一篇小說《初戀》。

▲巴金在法國小城沙多－吉里的拉封丹中學

當時還有一位學哲學的同學名詹建峰，後來成了華中師範學院的教授。1979年當巴金重訪沙城後，詹建峰問起巴金瑪倫河橋頭的賣花小鋪，他一定想起在沙城像鮮花一樣的美好時光。今天的我們仍可看到他們的風采——新版《滅亡》裏有一幀巴金、桂丹華和詹建峰三人的合影，風華正茂的年

齡，奕奕的神采在光影裏流動。另一楨則是巴金在書房的照片，攝於1928年7月31日，書桌上堆滿了書，其時《滅亡》即將完成。

小城儘管安靜，但是薩柯和樊塞蒂的事件還在繼續，不斷有人投入到拯救他們的行動中，又幾次推遲刑期，但是他倆終於犧牲在了電椅上。因為這個事件，悲憤的巴金先後寫了《立誓獻身的一瞬間》、《殺頭的盛典》、《兩個世界》、《決心》等篇章。

一天，大哥來信。大哥的信裏充滿了感傷。「他不斷地談到他的痛苦和他對我的期望。我們間的友愛越來越深，但是我們的思想的距離越來越遠。我覺得我必須完全脫離家庭，走自己選擇的道路終於要跟他分開。」[5]

大哥的期望，也是舊式大家族的希望，要巴金光宗耀祖彰顯門楣，這與巴金自己的想法相去太遠。為了讓大哥明白自己的心境，又不會受到打擊，巴金決定把原先的那些片斷改成一部小說，給大哥看，讓大哥瞭解自己。這樣，他認真地寫起了小說，「每天早晨，我常常一個人到學校後面那個樹林裏散步。林子外是一片麥田，空氣裏充滿了麥子香，我踏著柔軟的土地，聽著鳥聲，我的腦子裏出現了小說的世界，一些人物不停地在我的眼前活動，他們幫助我想到一些細小的情節。傍晚我陪著朋友們重來這裏散步的時候，我又常常修正了這些情節。散步回校，我就坐在書桌前，一口氣把它們全寫下來。不到半個月的功夫我寫完了《滅亡》的其餘各章。」[6]

從內心掙扎時隨意寫下的一些片斷，到一部小說的成型，巴金開始了他的文學生涯。

---

[5]　巴金：《談〈滅亡〉》，《滅亡》第182頁。
[6]　巴金：《談〈滅亡〉》，《滅亡》第183頁。

沙城的日子，是巴金心中一段頗可留戀的歲月，而給他留下溫暖記憶的還有古然夫人，那個拉封丹中學的看門老太太。他們三個同學在古然夫人的傳達室吃過晚飯，便走出校門，到河邊田野散步，直到星星閃現，又在古然夫人親熱的「晚安」聲中回到各自的房間。十年動亂中，在精神最受折磨的時候，巴金說彷彿茫茫天地間就只有那張老太太的臉對他微笑。

　　因為沙城的日子，巴金回國後寫了幾個短篇《洛伯爾先生》、《獅子》、《老年》和《墓園》。我沒有讀過這些短篇，但是在瞭解了這些故事之後，我有了想讀的願望，我願意追隨作者的行蹤，一篇篇地看下去。

　　為大哥寫的這部《滅亡》，巴金將稿子寄給在上海開明書店工作的朋友索非，想自己花錢印書，然後送給大哥和幾個朋友看。索非在翻閱稿件之後，將小說轉給了《小說月報》編輯葉聖陶。1929年1月至4月，小說《滅亡》在《小說月報》上連載，這是首次以「巴金」筆名發表的小說。1929年10月，《滅亡》由上海開明書店出版。

　　《滅亡》發表以後，似乎並沒有增加大哥對巴金的瞭解，但是巴金追求光明的呼號從此沒有停止過。

2008年10月23日

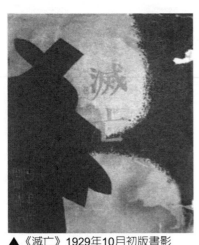

▲《滅亡》1929年10月初版書影

談方令孺的家世及出生

關於方令孺的家世和出生，都有一些不太正確的說法。

先說方令孺的家世，很多人說她是清代方苞的後裔。方令孺好友趙清閣這樣寫她：「她不愧是清代桐城文宗方苞之後……」[1]方令孺學生、復旦教授吳中杰在《復旦的新月——記余上沅和方令孺先生》一文中，也有這樣的說法：「清朝初期桐城派三位開創者之一：方苞，就是她們的祖上。」[2]百花文藝出版社出版的《方令孺散文選集》中，龍淵、高松年寫的序言也說，方令孺「1897年生於安徽桐城的一個詩禮官宦之家，屬方苞世族後裔。」

當年，方令孺的老同事、老朋友梁實秋則換了一種筆調：「方令孺，安徽桐城人。桐城方氏，其門望之隆也許是僅次於曲阜孔氏。可是方令孺不願提起她的門楣，更不願談她的家世，一有人說起桐城方氏如何如何，她便臉上緋紅，令人再也說不下

---

[1] 趙清閣：《明月伴詩魂——憶念女詩人方令孺》，收入《長相憶》，學林出版社1999年1月版。

[2] 吳中杰：《復旦的新月——記余上沅和方令孺先生》，《海上學人漫記》，生活‧讀書‧新知三聯書店1993年3月版。

去。」[3]梁實秋筆下「其門望之隆也許是僅次於曲阜孔氏」的桐城方氏，說的還是方苞一族。

時至今日，我還是經常看到，有些人在提到方令孺時，為了說明她的家學淵源，總是說，方令孺是安徽桐城方苞的後代，這在網路書刊報紙上至今流傳很廣。既然如此，我不妨費點筆墨在此作個交代。

1996年，舒蕪在《我非方苞之後》一文中這樣寫道：「桐城有三方：桂林方、魯谼方、會宮方，同姓不同宗。方苞是桂林方，我是魯谼方，不是一宗。」[4]2002年，他的《舒蕪口述自傳》出版，又一次提到了這一點，說：「……只曉得我們「魯洪方」宗族的享堂一直在那地方，不像桐城那些大姓，都把祠堂建到縣城裏，像「桂林方」的方氏宗祠就很堂皇。我們連「祠堂」也沒有，只有「享堂」，而且還在鄉下。可見我們是小姓，過去講起來好像還有點掉面子。」

桂林方，取「折桂登科如林」之意，被稱為縣裏方、大方，方以智、方苞等皆出此支。

魯谼方的得名，因其始祖方芒由徽州的婺源走獵入桐城，定居於縣城西北十公里的魯谼山。九世方子雅開始棄獵從文，到方東樹時，他已全國知名了，再到方令孺的祖父方宗誠，也是個有名的理學家。

---

[3]　梁實秋：《方令孺其人》，收入《梁實秋懷人叢錄》，中國廣播電視出版社1991年2月版。
[4]　舒蕪：《我非方苞之後》，《舒蕪集》第八卷，河北人民出版社2001年12月版。

關於方宗誠，這裏不得不多說上幾句，因為這和方令孺的出生地有很大的關係。

方宗誠自小酷愛讀書，以後就在桐城勺園原來桐城派三祖之一劉大櫆講學的地方建九間樓作為他的藏書樓。讀書有所成，他以名著《俟命錄》而聞名京師。後任棗強縣知縣，任職九年。

為官九年餘，方宗誠於「光緒六年（1880）辭官南歸，定居安慶，潛心著述。」[5]

方宗誠晚年，辭官歸隱買宅安慶後，除了遊歷山水訪前賢遺跡外，主要時間乃寓居安慶，安慶的藏書一樣也不少，甚至我懷疑桐城九間樓的藏書都遷了去。方宗誠之子、方令孺之父方守敦有詩《皖寓樓夜獨坐》描寫：「危樓千卷寄，殘月五更懸」[6]方令孺的散文中有這樣的說法：「……我離開南京的時候，還把這本和其他我所喜歡的書，裝在一隻大箱裏，帶到安慶，後來我又去迢迢千里的四川，就把這箱子存我祖父的藏書樓上，現在那

▲方令孺國畫《嚴陵台》

---

[5] 《安慶市志》，方志出版社。
[6] 方守敦：《凌寒吟稿》第21頁，黃山書社1999年9月版。

百年老屋，萬卷藏書，都化成灰了，……」[7]舒蕪在《舒蕪口述自傳》一書中提到，安慶小南門、小二郎巷有他曾祖父方宗誠當年買下的房子。

方令孺的父親方守敦是方宗誠的幼子，晚年被尊稱為方槃老。他5歲時，隨其父至河北棗強知縣任所，自小好學。 1902年，方守敦曾隨吳汝倫東渡日本，考察學制，回來之後襄助吳汝倫創辦桐城中學。次年又赴日本，參觀明治博覽會，回國後，更積極從事教育改革，與李光炯等人創辦蕪湖安徽公學。方守敦是一個維新派，又是一個詩人、書法家。

這些大致就是方令孺家世的概況，她的家學淵源。這樣，也就能理解梁實秋文中提到，方令孺聽別人說起她的門楣要臉紅，因為人們說的桐城方氏其實是指方苞一族。

現在再談談她的出生。

關於方令孺的出生之地和出生之年，目前各種文獻資料的說法不盡一致。

先說她的生年。據復旦大學青年學者翟超《隱微的新月—方令孺教授傳論》[8]附注中提到：在中央檔案館藏的方令孺入黨報告中，第1頁的出生年月一欄有方自己手書「1896」，但其後的入黨志願書開篇即言「我是一八九七年出生」，附在入黨報告後的一份自傳裏也說道：「我是一八九七年生在一個古老封建家庭裏。」翟超在參考了多種材料並稍作考辯後，將方的生年定為清

7　方令孺：《「你們都是傻子啊」》，收入《方令孺散文選集》，百花文藝出版社2004年8月版。
8　收入《名師名流》，廣西師範大學出版社2005年9月版。

紙上光陰──民國文人研究

光緒二十三年，也即1897年。

　　各種文獻中關於方令孺出生的資料很多，在這些眾多的資料中，我注意到一個非常有意思的現象，高松年對方令孺的生年，將早年1897年說改為現在的1896說：1992年，百花文藝出版社出版《方令孺散文選集》時，高松年作為此書編者之一，在序言中說：「方令孺，我國現代女詩人、散文家、現代文學教授。1897年生於安徽桐城的一個詩禮官宦之家，屬方苞世族後裔。」十多年後的今天，他在《一個純真善良的人》[9]一文中，改變了部分說法：「只知道她1896年出生於安徽桐城，係清代桐城派文宗方苞的後裔。」高松年一文依舊延續了在書序中幾處較為明顯的錯誤，如將方令孺視為方苞後裔，又如介紹她祖父名方宗誠、父親名方存之，實際上方令孺的祖父方宗誠，字存之號柏堂，她的父親名方守敦字常季號槃君。但對方的生年卻作了改動，這真是撲朔迷離。

　　可是，我在幾番對比之後，得到的結果有些出人意料，方令孺的生日於她本人極好記而後人又是很容易搞錯的。

　　方令孺的生日，最明顯的線索出現在巴金的日記中，巴金1966年1月19日當天的日記：「六點陳同生夫婦來看九姑，他們送我和蕭珊先去文化俱樂部，過半個小時杜宣夫婦、羅蓀夫婦、楊永直夫婦和九姑都來了。今天是九姑的七十歲生日，我和蕭珊同羅蓀夫婦請她吃晚飯，同生另有約會，但最後也趕來了。九點前分兩批去東湖招待所，又在九姑房內坐了一會，同羅蓀夫婦坐作協車回家，已過十點。」[10]。「九姑」即是方令孺，在祖父以

---

[9]　《江南》，2006年第2期。
[10]　《巴金全集》第26卷第10頁，人民文學出版社1994年2月版。

下的大家庭裏，方令孺在姐妹中排行第九，方令孺的侄兒方瑋德叫她九姑，方瑋德的朋友陳夢家也跟著這麼叫，後來稱方令孺為「九姑」成了文壇的普遍稱謂。

這年的年初，方令孺在上海和朋友們度過了一個愉快的春節，更重要的是朋友們和她一起歡度她的七十大壽，而上面提到的幾個人，都是方在上海非常要好的朋友，楊永直則是她的侄兒，名本方璞德。這個日子應該是方令孺自己認可的，且巴金言之鑿鑿，七十壽辰又是這麼重要，想來不會有錯吧。當然自己認可的日子也可能會搞錯，但方令孺出生在一個較為特殊的日子裏，是不容易搞錯的。

一個日子在中國會有多種說法，如年號、干支、紀年等，最基本的有兩種，即是西曆和農曆，1966年1月19日這一天，在農曆為十二月二十八。用天干地支的紀年排列，雖到了1966年[11]，但因為未過除夕，這一天還是乙巳年。這麼說來，方的生日，應該在西曆1月19日和農曆十二月二十八日這兩個日子中的一個。

再看方令孺1964年2月16日（大年初四）寫給蕭珊的信，她這樣說：「你的信正在我生日到來，……本來預備大年初一給你寫信的，……」這年的2月12日是除夕夜，而在這之前的2月3日，方令孺也給巴金蕭珊寫過信，計算一下時間，方信從杭州到上海，蕭珊接信後耽擱幾天再從上海發信到杭州，正趕上春節之前到達。所以，方令孺認定的生日是在農曆的十二月二十八，我想這麼好記的日子應該誰都不會搞錯吧。

---

[11] 這年過了除夕就是丙午年。

▼方令孺致巴金書信手跡

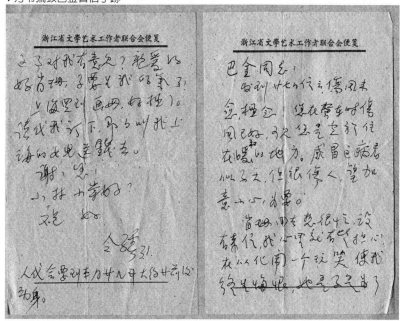

　　既是用農曆定生日，我們也用農曆來推算她的出生，以干支紀年，十天干十二地支排列組合從甲子起到癸亥結束，一個輪迴正好六十年，現在從乙巳年向前推六十年又是乙巳年，再向前推十年為乙未年，照例乙未年應該就是方令孺的出生年，查萬年曆，十九世紀末農曆乙未年十二月廿八的西曆日子在1896年。我想恐怕方令孺就出生在這一年吧。

　　我在作出了這個日子的推定之後，過了半年多，方令孺的學生裴樟松先生給我的信中這麼寫：「我已問過肖文[12]，大大[13]的生日是

---

[12] 方令孺次女。

[13] 指方令孺。

臘月28日，即農曆12月28日。按西曆計算，她是1897生，按農曆計算，她是1896年[14]生。」2007年國慶日，我在南京走訪方令孺的老保姆陳秀珍老人，老人也記得方令孺的生日在十二月二十八。這麼說來，農曆十二月廿八這個日子是確切無誤了。

既然方令孺的生日，我認定的農曆二十八是正確的，那麼我推定的西曆日子也應該是對的，為何卻與肖文從她母親方令孺那裏知道的日子還有出入？一個朋友提醒我：「方是農曆1896年[15]臘月廿八生，這一天的西曆是1897年1月30日，所以她66年來上海過七十大壽，中國人大都不會過整壽的。」

真是一語驚醒夢中人。我被自己總是按足歲過生日搞糊塗了，卻忘記了祖父母、父母親的壽辰都是提早一年過的，如此一來，問題就豁然開朗。方令孺的出生，應該是農曆光緒乙未年的次年，即光緒丙申年，那麼光緒丙申年臘月廿八，換算成西曆為1897年1月30日，就才是她的出生日。怪不得方令孺自己有時說是1896年生，有時又說是1897年生，她是將兩種不同的曆法系統用同一種文字系統（阿拉伯數字）來表達了。

和前面遇到同樣的問題是，1897年在除夕過後就是丁酉年，但是因為未過除夕，故為丙申年。

再說她的出生地。目前所有公開發表的文字，都說方令孺出生在安徽桐城，但我發覺，這裏又有問題。

方令孺祖父方宗誠晚年，辭官歸隱買宅安慶後，主要時間乃寓居安慶，1888年方宗誠病逝於安慶寓所。1897年方令孺出生，

---

[14] 指光緒丙申年。
[15] 指光緒丙申年。

大約方令孺四歲那年，祖母也去世，七歲又不幸喪母，這時，方令孺的父親方守敦「便攜帶了一大群兒女，從省城安慶遷回故鄉桐城——一座偏僻的小城，過著隱居的生涯。」[16]就是說，方令孺出生在安徽省安慶市，後來才隨父遷到桐城的。

那麼，方守敦帶著子女遷回桐城的是哪一年呢？

還好，方守敦不單是個書法家，他還是個詩人，留下了很多詩，我們可以從中找到線索。有兩首詩很明顯地記載了這件事。1906年，方守敦寫詩《移家歸桐，舟中偶詠二律寄三兄，疊清字韻》[17]，移家，說明是一個大家子回桐城，不是他本人從某地短暫遊歷歸來。詩中提到的三兄即方守彝，字倫叔，晚年號清一老人，兄弟兩個關係極為密切，方守敦在詩中不停地提到他。他們分家了，方守彝留在安慶住小南門的大宅子，方守敦回桐城的勺園，

但安慶小二郎巷的小院子也歸在守敦名下，這兩個宅子是背靠背的。另有一詩寫於1907年，也提到這事，題目很長，《丙午秋，予歸桐，……》，丙午即1906年。1906年，方令孺九歲，父親帶了他的一大群子女回到桐城。

▲站在院中還能看到一點桐城方氏勺園九間樓的大體格局

---

[16] 鄧明以：《方令孺傳略》，《新文學史料》1988年第1期。
[17] 方守敦：《凌寒吟稿》第13頁，黃山書社。

還有一首詩，題目是這樣的《小院荒蕪，當窗不治，已閱年矣。今春結小籬，移江上竹數十莖，頓覺生意滿眼。雨後子善過遊，囑為詩志其事，即戲過和》，沒有注上時間，應該是寫於遷家後的某年春天吧。

這樣說來，方令孺的出生之年和出生之地基本可以明瞭了，雖然，這些涉及的問題並不關健，但是一個作家如果他的出生不明終究是個遺憾吧。

2008年10月改

湯雪華的文學人生

　　近來常讀到一些文壇舊事，有些人總是在眼前閃爍著，如湯雪華。當我每次看到湯雪華這個名字時，馬上想到，她是我的同鄉前輩，我們同為嘉善西塘人，但是，《嘉善縣志》並沒有提到她，為這事，我曾幾次聽到原縣文聯主席韓金梅老師為她鳴不平，於是我決定花點時間來寫寫她。

　　我讀胡山源《文壇管窺》中寫到的湯雪華和她自己寫的《我的寄父胡山源》一文，頗有感觸，湯雪華的一生，是辛酸的一生，她的一生，充滿了曲折和孤獨，但她也很堅強，我想，也許是因為她不信命吧。

　　湯雪華1915年生於浙江省嘉善縣西塘鎮，1992年病逝於蘇州，原名計中原，曾用筆名湯仙華、湯中原、張珞、小珞、東方珞等。

　　湯雪華幼年時父母雙亡，與姐姐計中慧相

▲古鎮西塘（浦愉忠攝）

依為命，由西塘人史冰鑒介紹到松江讀書，計中慧進入松江景賢女子中學，湯雪華入小學，學膳都由景賢免費供給。當時，文壇前輩胡山源正在景賢女子中學任教，這樣，中慧成了他的學生，他也熟悉了湯雪華，自然那時她還是名計中原。

▲胡山源

胡山源，江蘇江陰人，早年與唐鳴時等人創辦文藝團體彌灑社，出版《彌灑》月刊，在五四運動狂飆突起的思潮中，堅持文藝為真善美而奮鬥，又先後主編了《申報·自由談》和《紅茶》月刊。據說在他的知名女學生中，就有張元和、張允和和張兆和三姐妹。胡山源自謂一生只幹了三件事：教書、編輯、寫文章。但是，他對於湯雪華無私的幫助，又怎能說不是他一生中最大的善舉呢？

1924年秋天，胡山源離開松江景賢女子中學，到了蘇州樂益女子中學教書。計中慧向來身體不好，有肺病，此後肺病發作回到西塘養病，胡山源便寫信讓計中慧到蘇州福音醫院看病，因為那裏有他熟悉的人，又適合慢性病的療養。1925年的春天，一個老媽媽帶著計中慧、湯雪華姐妹來到蘇州，中慧進了福音醫院，湯雪華則由胡山源先生帶著，寄居到了樂益女子中學舍監在啟東的家裡，不久姐姐中慧病逝。

湯雪華尚在母親腹中時就失去了父親，到了六歲上又失去了母親，這時，死神又奪走了她世上唯一最親的姐姐，其時，她還不到十歲，她是那麼弱小，幼稚的心靈還不知道悲歡和責問命運

的不公，更不知道前途將如何。

　　因為胡山源要離開蘇州到松江去，他便通過教會友人的介紹，將湯雪華送給了無錫的湯牧師作女兒，湯牧師夫婦結婚七年未生育，收了湯雪華作養女。自此，她放棄了計中原的名字改名湯鍾元，並認了胡山源為寄父。那年她十一歲，又能進學校讀書了。

　　胡山源不時地寫信給她，起初，他給她寫許多有趣的事，也問了她許多有趣的問題，使湯雪華開始懂得思考，學會了寫信，十二歲時，就能寫三張信箋的長信。湯牧師很奇怪，一個大人跟小孩子這麼頻繁地通信，他哪裡知道，胡山源的這些信，令其成了湯雪華的第一個啟蒙老師。

　　在湯牧師家裡，雖然溫飽不成問題，但她幼小的心靈非常孤單寂寞，家裡只有聖經之類的書，湯雪華的童年，因為有了胡山源的幫助和影響而色彩斑斕了。在她上小學時，胡山源長期給她訂閱了《兒童文學》，進了高小，改訂了《少年雜誌》，中學，又訂了《中學生》。在文學的世界裏，她漸漸地分辨了愛與憎、苦與樂，開始編織自己的人生之夢，但無疑，這個時候的湯雪華，就算她有自己的夢想，也還夠不上燦爛，因為她膽小而自卑。

　　初中高中，胡山源仍不時地寫信來，他開始讓她學習寫作，認為她的信寫得好，有寫作前途。他讓她把看到的想到的事物現象，像拍照一樣，選擇一個動人的鏡頭，用文字表達出來，要求使人家看了，像身歷其境一樣。但其時，湯雪華高中未畢業，膽小而自卑牽制了她，她還不敢寫，不會寫。1935年，湯雪華因為肺病發作，肄業於湖州湖郡女中。

生病、停學、失業，日子非常苦悶，難道青春、熱情和希望，就這樣慢慢地消逝了嗎？她不甘心，年輕的心想反抗，這時胡山源的信又來了，再一次鼓勵她寫文章。在湖州福音醫院的三等病房，她寫出了處女作《在醫院中》，經胡山源的推薦，被《健康家庭》錄用了。這是多麼高興的事，信心百倍之下，又寫了第二篇《動亂的一角》，載於《萬象》月刊。以後，她不斷地給當時上海的幾份刊物寫稿，主要有《萬象》、《茶話》、《小說月報》、《紫羅蘭》、《春秋》、《大眾》等。她每寫稿子，胡山源都看過改過。

　　當時，胡山源在上海的大學任教，他有不少學生喜歡文學創作，他便將他們介紹給了湯雪華，當年經常在各刊物上發表文章的施濟美、鄭家璦、程育珍等，都經常給她寫信，並且寄來照片。他們同時參加了當時胡山源指導的一個青年文藝團體「愚社」，這個團體中的一些女作者便仿效越劇十姐妹，也搞了一個「文藝十姐妹」，她們中的湯雪華、施濟美、施濟英、程育珍、俞昭明等，後來就構成了「東吳系女作家」的主體，湯雪華因年齡最大，被稱為大姐。

▼左起：俞昭明、施濟珍、施濟英

　　東吳，即東吳大學，是蘇州大學的前身，女作家中的施濟美、俞昭明、楊琇珍等均畢業於東吳大學；有的雖沒有直接進東吳讀書，但所就讀的學校與東吳大學同屬一個教會，如施濟美妹

妹施濟英就讀過的東吳附中，湯雪華就讀過的湖州湖郡女中，是一個教會所辦，所以統稱為「東吳系女作家」。

胡山源在回憶湯雪華的文章中這樣寫道：

> 我不能不大書特書：在與我接受的所謂「東吳系女作家」中，她是最優秀的……在寫法上，她懂得描寫，不作老式的敘述，一味以代言來交代情節。結構嚴謹、文字老練，處處無愧於一個寫小說者。至於她所寫的內容，尤其值得一提。她的題材是多方面的，幾乎不接觸到當時一般女作家所愛寫的男女戀情。她寫老人、青年、兒童，社會上的工、商，家庭中的婦女……而且觀點也「與眾不同」，同情受苦難的人，諷刺剝削者、寄生蟲、壓迫者……都有進步的傾向性，絕非無病呻吟，或玩樂消遣之作。[1]

又因為胡山源的介紹，湯雪華為世界書局寫了一個長篇小說《彌陀》，當時在《健康家庭》連載，可惜後來因為沒有寫完，也就未曾出版。她的第二個長篇小說是《亞當的子孫》，發表在鴛鴦蝴蝶派周瘦鵑主編的《紫羅蘭》月刊上，也未最後完成。

為了寫好小說，湯雪華開始走出去，努力讓自己接觸到更多的現實，湯雪華在她那短暫的文學生涯裏，先後創作了《郭老太爺的煩悶》、《紅燒豬頭和小蹄膀》、《投機》、《煩惱絲》、《牆門裏的一天》、《死灰》、《罪的工價》、《殘箋》等等，

---

[1]　胡山源：《文壇管窺》第261頁，上海古籍出版社2000年9月。

她的短篇小說《山鄉》曾入選1944年12月譚正璧編選的《當代女作家小說選》。後來，上海日新文藝出版社出版胡山源主編的一套文藝叢書，這其中就包括湯雪華的三個短篇小說集《劫難》、《轉變》、《朦朧》，三個集子各用了三個不同的筆名。

抗戰勝利後，1946年，胡山源五十歲生日，湯雪華從湖州到了上海，參加寄父的壽誕聚會，許多以前通過信的朋友們這次都見到了，胡山源還介紹好幾位編輯給她認識，這其中包括兒童文學家陳伯吹，新聞報副刊《快活林》主編嚴獨鶴等，於是她也給他們投稿。

也是在這個聚會上，湯雪華結識了托派青年籍玉龍，他們於1948年初結婚，次年生下獨子計天明，自此湯雪華告別文壇。

1952年，籍玉龍因託派問題被捕入獄，其後兩人離婚，湯雪華進入了一個內衣廠當工人，六十年代初隨工廠內遷到了江西九江，1973年她退休回到蘇州，苦盡甘來的她與子、孫相伴左右。1984年，七十多歲的湯雪華與分別了三十年的寄父相見，這時胡山源快九十高齡了，她握著寄父的手，孩子般地哭了。

華髮短暫，流年無常，湯雪華活躍在文壇不過十年，她和她的東吳系女作家群也早已淡出文壇淡出人們的視眼。但

▲湯雪華

是有一天，我突然看到一本陳子善教授作序的《小姐集》，選的正是東吳女作家的小說，這種巧合讓我欣喜。

　　《小姐集》收入了湯雪華、施濟美、俞昭明、邢禾麗、鄭家瑗、楊依芙（楊琇珍）、練元秀、程育珍等當時活躍在四十年代上海文壇的這批「小姐作家」的作品，為何又稱「小姐作家」，該書策劃王羽從1944年5月的《春秋》第1年第8期陶嵐影的《閒話小姐作家》中考證出這批「東吳系女作家」當時被文壇公認為「小姐作家」，其中陶對湯雪華的評價是：

　　　湯雪華小姐是我們最熟悉也最佩服的一位女作家。我對於她的作品，向來只有三個批評：第一個批評是「好」，第二個批評還是「好」，第三個批評仍舊是「好」。只是站在小姐的立場上，未免覺得她太大膽太潑辣，拿話劇演員中的孫景路來比她，真是再恰當不過。其實，在生活中，她是一位「摩登的林黛玉」，因為人生經驗比較豐富，見到的不平也多一點，又常生病，所以思想中脫不了悲觀的成份，常常做出一副老氣橫秋的樣子來，雖然今年也還不過二十八九歲。[2]

　　讀過這段評價，再看過湯雪華的幾篇小說，對於「太大膽太潑辣」我也頗有同感，如《郭老太爺的煩悶》，寫的是七十多歲的郭老太爺的煩悶之心，這顆煩悶之心已達五年之久了（老婆

---

[2]　陶嵐影：《閒話小姐作家》，《小姐集》第3頁，人民文學出版社2007年8月版。

死了五年了），原來他是想再抱新人，但又不好意思說出口，只對大女兒說，男僕服侍不周到。那麼換個女傭人？女兒說。女傭人？老媽子多有不方便，還是買個隨身小丫頭吧。條件是皮色白皙，面貌端正的，也不要太小，太小了照顧不周。

這哪像買丫頭？丫頭只要聰明伶俐就行了。但不管這些，只要有錢，世上哪有做不到的事？於是十七的蘭香來了。「郭老太爺懷著一顆跳蕩的心把那女孩細細端詳，覺得十分滿意，果然像他夢見的差不多，紅噴噴的雙頰，圓嫩的手臂，而且最令老太爺私心裏歡喜的，就是那腰肢體態，已顯然是一個成熟的少女了。」

那晚，他在燈下光下欣賞蘭香的「梨花帶雨」，越發愛憐沉醉起來了。

可惜好景不長，蘭香與郭家的男僕私奔了。郭老太爺儘管生氣，也毫無辦法，只好又買了個小丫頭，吸取教訓，不敢再要青春少女了，於是十三歲的桂香進門了，桂香畢竟小，什麼也不懂，受了委曲一把蜜棗就能把她搞定。因為小，桂香愛捲被子，有一夜，郭老太爺凍得差點要了他的命，想想丫頭固然可愛，命卻不能不要。於是郭老太爺又開始煩悶了……

一個舊時代的少女居然敢寫到這樣，不能不說大膽潑辣了。湯雪華小說的題材裏，融入了她對於身邊這個世界的愛和恨，她的同情和不滿，她的小說，和她的命運一樣，有著淚的控訴，似乎也有一抹淡淡的希望，儘管掩在濃重的悲哀之中。

2007年12月2-3日

穆旦：一生流浪的精神探索者

一、唐宋以來巨族，江南有數人家

穆旦，原名查良錚，詩人，祖籍海寧。

海寧這片土地自古神奇。傳說，海寧的西山上出產的蘆葦，放在水裏會沉下去，東山上則有一種浮石，在水裏幾年不沉。而東、西兩山，相傳秦以前是連在一起的，稱為硤山，秦始皇南巡時，遠望硤山有「王者之氣」，遂令十萬囚徒將硤山攔腰斬開，才有東山、西山。

海寧還是良渚文化發源地之一，到了春秋戰國，海寧是吳、越、楚屬地。漢末，陸遜在此任「海昌屯田都尉，並領縣事」[1]，隨後，著名文學家陸機、陸雲就在由拳（古代嘉興）這一帶活動並居住了十年之久。劉義慶撰、劉孝標注的《世說新語》，在今天極具史料價值，書中有這樣的記載：

陸平原河橋敗，為盧志所讒，被誅。臨刑歎曰：「欲聞華亭

---

[1] 陳壽：《三國志‧吳書‧陸遜傳》第305頁，北京出版社2007年1月版。

鶴唳，可復得乎！」八王故事曰：「華亭，吳由拳縣郊外墅也，
有清泉茂林。吳平後，陸機兄弟共遊於此十餘年。」[2]

自陸遜於此處留跡之後，一代一代的人才出自海寧，東晉
寫《搜神記》的幹寶、唐代詩人顧況、宋代女詞人朱淑真，明代
史學家談遷、清代詩人查慎行、書法家查昇、人稱陳閣老的大學
士陳元龍。到了近現代，同樣又有一長串的名字閃爍著耀眼的光
芒，王國維、徐志摩、穆旦、蔣百里、陳學昭、鄭曉滄、張宗
祥、宋雲彬、米谷、史東山、金庸、錢君匋、許國璋等，真的是
名人輩出，這些也足以顯示海寧神奇的魅力。

清初，河南人許三禮在任海寧知縣期間，邀請著名學者黃宗
羲來到海寧，在其創辦的書院，「延黃宗羲主講」[3]，黃宗羲在海
寧的書院講學達五年之久，對當地學風產生極大的影響。

明清海寧詩文昌盛，甚至在清代出現了具有鮮明地域特色的海
寧詩派，海寧詩派與秀水詩派一起，成為清代重要的詩派之一。

海寧潮最是天下聞名，這份神奇更讓世人驚歎。每到觀潮時
節，海寧鹽官等地總是人山人海。海寧的詩文與海寧潮水一起，
聲名遠揚。

海寧五大姓是「查祝許董周」，以查姓居首。

查姓原為姬姓，周封八百諸侯於各地，姬姓封於查地，遂以
地為姓，有休寧、婺源兩分支。元朝末年，天下大亂，海寧查氏

2　劉義慶撰、劉孝標注、余嘉錫箋疏：《世說新語箋疏》第1050頁，中華書局
　　1983年8月版。
3　《清史稿》第9950頁，中華書局1977年2月版。

紙上光陰——民國文人研究

始祖查瑜為躲避兵亂，從婺源來到海寧袁花鎮龍山腳下，依山傍水居住了下來。他們以務農墾鹽發家，以後又通過科舉步入仕宦之途，到明清兩代有極大發展，重臣迭出。查家的宗祠有康熙皇帝親筆御書的對聯：唐宋以來巨族，江南有數人家。

明代，查家中進士6人、舉人17人，其中還有祖孫三代連中進士的盛事。清代，查氏家族考中進士15人，舉人59人。至康熙年間（1662-1722）慎行兄弟時，查家科甲繼起，有「一門十進士，叔侄五翰林」的佳話。[4]

文風濃厚之下，查氏子弟早慧的例子很多，如查繼佐「十五擅詩文，下筆風雲走」[5]；查容8歲好識難字，館師屢為所窮；查慎行5歲即解韻聲，10歲作《武侯論》等，這些與科考也是相輔相成的，因為有了這樣一批優秀人才，海寧查氏在經史、詩文、書畫等方面均有不俗的建樹，並且在海寧形成了兩大詩人群體，而這中間，海寧查氏經歷了兩次慘痛的文字獄。

明末，海寧形成以查繼佐為核心的家族詩人群體。查繼佐以著史講學為主，他精音律、擅書畫，同時潛心詩歌創作。幼時好學不倦，15歲就已擅詩文，曾赴杭州西湖講學，時人競相往之。明亡後，他花了29年時間，易稿數十次，訪問數千人，始完成明史巨著《罪惟錄》。他的歷史著作《魯春秋》、《東山國語》、《國壽錄》等，極有價值。

4　洪永鏗、賈文勝、賴燕波：《海寧查氏家族文化研究》第29頁，浙江大學出版2006年9月版。
5　查旦：《寄伊璜兄》，轉引自洪永鏗、賈文勝、賴燕波：《海寧查氏家族文化研究》第49頁，浙江大學2006年9月版。。

圍繞查繼佐形成了一個家族詩群，包括他的兄弟、子孫等，這對查氏家族的文化發展有著深遠的影響。查氏家族崇尚以儒為業、詩禮傳家，家族詩人群的出現，便是這種精神在文化上的具體表現。

　　然而，就是查繼佐，他因「明史」案牽連入獄，幾遭不測。

　　明史案的起因是湖州富商莊廷鑨邀請一些江浙名士編撰了《明史輯略》，書中對史實直錄不諱，所用紀年都用明及南明的稱號，還記錄了許多抗清事蹟，明顯表露出對於異族統治的不滿。莊廷鑨病逝後，該書由莊父出資刊印，出版時在書中列了18位名士的名字，其中就有查繼佐，查繼佐因此入獄，但事實上，他並沒有參與該書的編寫。

　　清代康熙時，又出現了以查慎行為核心的更大的詩人群，群體包括了家族的一大批子弟。黃宗羲來海寧講學，查慎行和其弟一起投入黃宗羲門下，又與他的姪兒、著名的書法家查昇一起投師當時的詩壇領袖王士禎門下，查慎行並與朱彝尊保持著很深的交情，王士禎、朱彝尊當時並稱為「南朱北王」。查慎行熱衷詩歌，遍歷中華各地，從大自然中汲取營養，寫出大量作品，名噪當時，康熙器重他，親書「敬業堂」以賜。《清史稿》有載：

　　慎行有句云：「笠簷蓑袂平生夢，臣本煙波一釣徒。」俄宮監傳呼「煙波釣徒查翰林」。[6]

6　《清史稿》第13366頁，中華書局1977年8月版。

查慎行還是蘇詩專家，曾用三十年精力成蘇軾詩補注五十卷，他最愛蘇東坡「身行萬里半天下，僧臥一庵初白頭」之句，晚年築室名初白庵，人稱初白先生，留詩近萬首，有《敬業堂集》等多種作品行世。

也在這時，另一樁文字獄發生了。

那是發生於雍正年間查嗣庭江西科場「維民所止」試題案。查慎行的弟弟查嗣庭主持江西省試，出了一道考題：維民所止。這本來是《詩經》裏的一句話，但有人卻向雍正誣告說：「維」、「止」二字乃是「雍正」去首，豈不是暗示要砍掉雍正的頭嗎？於是雍正逮捕查嗣庭全家，查嗣庭及兒子在獄中受盡酷刑，含冤而死；查慎行也牽連入獄，78歲高齡時獲釋，未幾，鬱鬱而亡。

查氏家族在生息繁衍中，其中一支遷居北京、天津一帶，以經商為主，主要經營鹽業。於是有北查、南查之分。北查家富財豪，民間有「闊查」、「查半城」之稱。明清兩代，北查在天津、南查在海寧，都成了望族，盛極一時。

乾隆初期詩壇有「南馬北查」之稱，北查即為天津的查為仁，是查氏到天津的五世孫。查為仁精研詩學、遍訪奇書、廣交名流，使其居住的「水西莊」成為京津文化中心，形成了以查為仁為核心的水西莊詩人群體。清人袁枚《隨園詩話》中將水西莊與其他兩處莊園並列為清代三大私家園林、文化勝地。

可以看出，查氏家族歷經一代又一代，他們以詩文書畫創作和文化傳播為己任，休現了查氏家族自覺的文化立場，這種對文化的堅守，成了這個家族的一種風氣，影響了一代代人，直到穆旦等查氏後人。

而兩次文字獄，嚴重地打擊了查氏家族，似乎是宿命，到了穆旦身上，他也因文字而獲罪。

　　幾百年來，詩文書畫這種文化氣象生生不息地流動在查氏家族的血脈中，即使他們在慘遭文字獄後，經過多少年的努力又能頑強地奮起，這種血脈因緣成就了作為詩人和翻譯家的穆旦，卻又宿命地讓他倍受苦難的打擊。並不宿命的是，穆旦並沒有被擊倒，他像查氏家族的先人一樣，在殘酷的現實中，頑強地生存了下來，並且繼續著他所熱愛的詩歌事業。一種自覺的文化立場最終戰勝了殘酷的現實，於是有了今天的穆旦。

▲1934年7月10日，穆旦於天津法國花園

　　穆旦屬北查一脈，1918年生於天津恒德里老屋，這時查氏家族已在仕宦與鹽賈兩途中衰敗下來，成為破落之家。但是他們恒德里老屋珍藏了大量的古典書籍，那是少年穆旦的精神來源。「出身於書香門第，穆旦也養成了愛讀書的習慣。為了讀書，他經常趁長輩不在，偷偷溜進恒德里老屋的客廳，如饑似渴地閱讀那裏珍藏的古典書籍。」[7]穆旦就是在這樣的環境下、這樣的氛圍裏成長起來。和他的先人一樣，他也早慧且早熟。南開中學讀書時，他在《南開中學生》上發表

---

[7]　高秀芹、徐立錢：《穆旦：苦難與憂思鑄就的詩魂》第122頁，文津出版社2007年1月版。

的雜感《夢》，首次使用筆名「穆旦」。後來，他進入清華大學，以後又併入西南聯大，開始了他人生新的篇章。

二、在西南聯大的天空下

1937年盧溝橋事變，平津諸校南遷，穆旦作為流亡學生一路南下，成為西南聯大的一員。

曾被魯迅譽為「中國最為傑出的抒情詩人」馮至，他曾經無比抒情地寫道：

> 如果有人問我，「你一生中最懷念的是什麼地方？」我會毫不遲疑地回答，「是昆明」。如果他繼續問下去，「在什麼地方你的生活最苦，回想起來又最甜？在什麼地方你常常生病，病後反而覺得更健康？什麼地方書很缺乏，反而促使你讀書更認真？在什麼地方你又教書，又寫作，又忙於油鹽柴米，而不感到矛盾？」我可以一連串地回答：「都是在抗日戰爭時期的昆明。」[8]

這恐怕是無數西南聯大師生的共同心聲。那快樂而艱苦的聯大歲月，始終是一生中最難忘的。我們可以毫不誇張地說，西南聯大，那是精神上的富裕之鄉。

---

[8] 馮至：《昆明往事》，《山水斜陽》第63頁，黑龍江人民出版社，1999年4月版。

在西南聯大，教授們學養豐富、個性十足還保持著超功利生活態度，又重視學生個性的培養，並且，教授群體的中西文化背景是西南聯大一道絢麗的風景，尤其是西方文學的滋潤，對穆旦的詩歌創作影響更大。

　　五四運動興起，西風東漸，「有的研究者認為胡適的新詩革命的理論來自於美國正在興起的意象派詩歌運動，但這個結論還是有人表示懷疑，但無可懷疑的是中國的現代漢語詩歌運動一開始就在西方文學的影響之下發展起來的，郭沫若、聞一多、徐志摩、王獨清、李金髮、戴望舒等等，幾乎都是從西方浪漫派和現代詩歌潮流中吸取營養和詩歌的觀念，開始自己的創作實踐。」[9]

　　到了二十世紀三、四十年代，已是西風勁吹了，或客觀地說，是東西文化的相互滲透和交融。葉公超赴英時，幸運地認識了艾略特，並且較早地把他介紹到中國來。卞之琳早在北大英文系就讀時，就接觸到艾略特的詩，他對葉慈同樣欣賞，又有人說他對奧登的詩簡直崇敬到讓人不安的地步，後來奧頓抗戰期間訪問戰時中國，更是掀起一股旋風，卞之琳熱情地翻譯了奧頓寫中國抗戰的詩，可惜他們經過武漢的時間不同，沒能見面。馮至在北大讀書時，在德國浪漫主義詩歌影響下開始詩歌創作，十四行詩更是起源於義大利民間，後來聞一多翻譯過來時把它取名「商籟體」。在當時四十年代的西南聯大，三位著名的詩人卞之琳、李廣田、馮至同在外文系，他們還和其他一些愛好文學的同事學

9　陳思和：《中國現當代文學名篇十五講》第195頁，北京大學出版社2003年12月版。

生一起不斷地交流，因為經常地聚會，馮至家甚至成了一個文藝沙龍中心。

外國學者中艾克敦、瑞恰慈曾先後來到北大，對中西文化交流起了極大的推動作用，詩人奧頓與小說家伊修伍德訪問戰時中國，影響也很大，但是在外國文學對西南聯大學生影響最大的，恐怕是威廉・燕卜蓀，對穆旦來說，尤其是這樣。

燕卜蓀，英國詩人、批評家，他23歲那年在劍橋大學期間完成《朦朧的七種類型》（又譯《複義七型》等名），一舉成名。因他的導師、英國理論家瑞恰慈的介紹，燕卜蓀來到中國，任教西南聯大。

燕卜蓀以一個英國當代詩人的身份講英國詩、傳授西方文學，其效果肯定是不同尋常的。在趙瑞蕻充滿激情的回憶深處，我們可以一睹這位英國詩人的風采：

> ……或者想起我們跟他讀《莎士比亞》、《英國詩》、《現代詩》與《唐・吉訶德》那些熱情而又幸福的日子；或者回味著他一面豪放地啜飲著烈性白酒，一面流泉似地朗誦莎翁商籟體詩那麼瀟灑的神情；
>
> ……
>
> 而燕卜蓀先生的課更有一種引誘人的力量——那是除了敬仰之外，更有新鮮與好奇這兩種潛力。那時候，圖書等設備十分貧乏，開頭那幾個星期，連《莎士比亞全集》也找不到；而燕卜蓀先生自己的許多書都擱在長沙還未帶來。於是，

就在這樣的一個環境裏，燕卜蓀先生就大顯身手，表現了
他驚人的記憶力。在「莎士比亞」班上，第一本讀的是《奧
賽羅》（Othello），大家都沒有書，全任他的記憶，整段整
段的背出來，寫在黑板上，給大家念，再一一加以講解。
在「英國詩」班上，最初幾天，喬叟（Chaucre）和斯賓塞
（Spensre）的一些詩篇也都是他一字不錯，一句不漏地默寫
出來的。他還躲在樓上那間屋子裏，那麼認真地辛苦地把莎
翁名劇和其他要講的東西統統憑記憶在打字機上打出來。這
事真使人想起當年秦始皇焚書坑儒以後，天下無書，大部分
全靠那些白髮皓首的大儒將經書整部整篇背誦出來那種傳奇
一般神異故事。燕卜蓀先生記憶力之強和他對祖國文學遺產
的熟悉，真叫我們欽佩；他的認真的教學態度使大家十分感
動。[10]

　　在趙瑞蕻的筆下，燕卜蓀是這樣的精彩，回憶是這樣的愉
快，讀來真叫人心動。
　　燕卜蓀的教學方法對於學生來說也很新鮮，李賦寧在回憶穆
旦的同學王佐良時這樣寫道：

　　燕先生當時只有31歲，未婚，一心撲在教學上。他每週要求我
們寫英文作文一篇，批改得很詳細，並且加上他的精闢評語。
他還要求學生用英文寫評論莎劇中人物和情節的小作文。燕先

---

[10] 趙瑞蕻：《懷念英國現代派詩人燕卜蓀先生》，《離亂弦歌憶舊遊——從西
南聯大到金色的晚秋》第24頁、27頁，文匯出版社2000年5月版。

生的嚴格要求——他要求言之有物，觀點鮮明，砍掉空洞、華麗的詞藻——我猜想燕先生的詩人氣質和學人的洞察力都曾對佐良的智力成長和發展起了有益的促進作用。[11]

這些不妨同樣用在穆旦身上。

穆旦和他的同學，就是在這樣的背景下，接觸了大量西方現代派詩人如葉慈、艾略特、奧登乃至更年輕的狄蘭・湯瑪斯等人的詩。穆旦的同學周玨良回憶，他們從燕卜蓀那裏借來了威爾遜的《愛克斯爾的城堡》和艾略特的文集《聖木》，大開眼界，才知道什麼叫現代派，於是經常在一起討論，然後穆旦又把這些詩人某些傳統運用到他的詩裏，形成他自己的風格。王佐良一樣提到這點：

> 穆旦和他的朋友們不但受到西方現代派詩的影響，而且他們身邊還有更直接的影響，來自他們的老師威廉・燕卜蓀……因此當燕卜蓀在課堂上教他們讀艾略特的《普魯弗洛克的情歌》、奧登的《西班牙》和十四行詩的時候，他們驚奇地發現：原來還有這樣新的題材和技巧！[12]

王佐良在另一篇回憶文章裏說得更具體：

> 燕卜蓀是位奇才，有數學頭腦的現代詩人，銳利的批評家，英國大學的最好產物，然而沒有學院氣……他的那門《當代

---

[11] 李賦寧：《王佐良文集・序》，外語教學與研究出版社1997年10月版。
[12] 王佐良：《論穆旦的詩》，《穆旦詩全編・序言》，中國文學出版社1996年版。

英詩》課，內容充實，選材新穎，從霍甫金斯一直講到奧登，前者是以「跳躍節奏」出名的宗教詩人，後者剛剛寫了充滿鬥爭激情的《西班牙，1937》。所選的詩人中，有不少燕卜蓀的同輩詩友，因此他的講解也非一般學院派的一套，而是書上找不到的內情實況，加上他對於語言的精細分析。[13]

在不同的學生眼裏，燕卜蓀對他們的影響是多方面的，也是各不相同的，影響到穆旦的詩風從浪漫派到現代派的轉變，燕卜蓀是其中一個重要的因素，當然還有一個很重要的原因是，中國面臨離亂的現實，校園不再是寧靜的象牙塔！但是，穆旦詩歌從浪漫主義轉變到對現實的關懷上，另一個更重要的原因，在於穆旦自身對於詩歌的不懈的探索。

現在讓我們的目光投射到穆旦他們剛剛抵達的長沙，著名的南嶽。

南嶽衡山是一座名山，山腳下的小城同樣以南嶽命名。在兵荒馬亂、烽火連天中，清華、北大、南開三所大學在長沙組成國立長沙臨時大學，是國立西南聯合大學的前身，包括穆旦就讀的外文系在內的文學院就借住在南嶽的聖經學院舊址。

南嶽的條件是艱苦的，沒有各類圖書，沒有教材的參考書，晚上，菜油燈光線暗淡，無法看書，但是南嶽的風情是美的，師生們是樂觀的，在有規則的上課與逛山的日程中，大家的生活慢慢地安定了下來。燕卜蓀《南嶽之秋》的長詩，多少反映了當時

---

[13] 王佐良：《穆旦的由來與歸宿》，《王佐良文集》第465-466頁。

的生活和心境，王佐良對此詩作過翻譯，今天我們在《王佐良文集》裏可以看到全貌。

「靈魂記住了」——這正是
　我們教授該做的事，
（靈魂倒不寂寞了，這間宿舍
　有四張床，現在住兩位同事，
他們害怕冬天的進攻，
　這個搖籃對感冒倒頗加鼓勵）。
課堂上所講一切題目的內容
　都埋在丟在北方的圖書館裏，
因此人們奇怪地迷惑了，
　為找線索搜求著自己的記憶。
那些珀伽索斯應該培養，
　就看誰中你的心意。
版本的異同不妨討論，
　我們講詩，詩隨講而長成整體。[14]

珀伽索斯，希臘神話中的雙翼飛馬，其足蹄踩過的地方有泉水湧出，詩人飲之可獲得靈魂，這裏指那些有才華的學生。

穆旦這時是大三的學生，在燕卜蓀的眼裏，穆旦和他的詩友，就是需要培養的珀伽索斯吧。他們在南嶽的時間只有三個

---

[14] 王佐良：《威廉·燕卜蓀》，《王佐良文集》第209-210頁。

▼西南聯大原教室舊址（現在昆明雲南師範大學校園內）

月，可是就是在這段時間裏，這年的11月，穆旦完成了他自己滿意且認為是第一首成熟的詩作《野獸》，後來此詩作為他第一本詩集《探險隊》的篇首之作，對穆旦而言，其重要性是顯而易見的。有研究者認為，《野獸》明顯受到西方詩人的影響，「從《野獸》一詩中可以找出英國浪漫派詩人布萊克的《虎》的影子，也有奧地利現代派大師里爾克的《豹》的啟示。」[15]

　　這裏我想插上一小段關於穆旦在西南聯大的求學時間和畢業時間。李芳編《穆旦詩文集》附錄二《穆旦（查良錚）年譜》和陳伯良著《穆旦傳》所附《穆旦（查良錚）年表》，都記錄穆旦1935年9月入清華大學，1940年8月畢業於西南聯大。我覺得這裏有點蹊蹺。入學時間為1935年，大學四年，畢業時間應為1939年。穆旦同班同學李賦寧在《王佐良文集》的序言裏提到他們南嶽時（1937年秋）是大三學生，王佐良1939年夏畢業。王佐良也曾說過，他和穆旦是同班同學。那麼穆旦應該是1939年畢業的，但是為什麼畢業時間又成了1940年？起初我覺得可能是年表出了問題，後來又想也可能是穆旦在哪一年重讀過，於是我通過朋友

[15] 王宏印著譯：《穆旦詩英譯與解析》第4-5頁，河北教育出版社，2004年4月版。

治墨兄請穆旦西南聯大同學楊苡先生幫忙解答，楊苡先生答覆我說：「穆旦於1940年暑假畢業，不是留級。1938年我進聯大一年級時已是十一月前後（9月28日昆明第一次轟炸），這年認識穆旦與趙瑞蕻時，他們是外文系三年級。四年級是1939-1940。」也就是說，1938年秋穆旦原本應該是四年級了，但是他仍在讀三年級。這樣說來，他真的在三年級時重讀了一年。雖然楊苡先生認為穆旦沒有留級過，但事實應該就是重讀了。我在想，像穆旦這樣聰明的人，怎麼會有這樣的事呢？這裏又隱藏了一段怎樣特殊的經歷呢？可惜的是，沒有任何線索留了下來。

從《野獸》一詩裏，我們可以感受到穆旦內心的激情。穆旦的性格是沉靜，但他的內心是火熱的。在愛好文學的學生中，他並不太活躍，卻和好友董庶幾乎形影不離。後來《探險隊》有「獻給友人董庶」的獻詞，董庶解放後不久去世，遺下家屬和獨子生活困難，穆旦每月匯款給他們，直到「文革」開始，可見他是多麼看重這段珍貴的友誼。

穆旦看重友誼，這讓我們看到他內心深處對現實關懷之外的另一種心靈關懷。巫寧坤流放期間幾度生活困難，穆旦幾次匯款讓他們全家度過難關。他寫過一首《童年》的詩，這首詩最初是寫在給楊苡的紀念冊中，當時題為《懷念》。穆旦在晚年的時候還寫過一首《友誼》的詩，他給朋友的信中這樣寫道：「友誼的第二段著重想到陳蘊珍，第一段想到你們。所以可以看到，前者情調是喜，後者是悲。」[16]

---

[16] 1975年6月28日穆旦致杜運燮信，《穆旦詩文集》第二卷143頁，人民文學出版社2007年9月版。

陳蘊珍即是巴金夫人蕭珊，1939年8月考入中山大學外文系，同年10月轉入西南聯大外文系，依穆旦內向的性格，他們能夠成為這麼好的朋友，我總覺得是個奇蹟。

　　1944年在重慶時期，穆旦和巴金、蕭珊夫婦經常往來。

　　上海時期，穆旦一度又成了巴金家的常客：「回想起上海李家的生活，我在1948年有一季是座中常客，那時是多麼熱鬧呵。靳以和蘊珍，經常是互相逗笑，那時屋中很不講究，廚房是進口，又黑又煙重，進到客室也是夠舊的，可是由於有人們的青春，便覺得充滿生命和快樂。」[17]友誼正是對人的生命的一種深度關懷，因為友誼，生命才充滿更多的快樂。

　　這年（1948年）的2月，穆旦第三部詩集《旗》，被列入巴金主編的《文學叢刊》，由上海文化生活出版社出版。

　　1953年穆旦由美國歸來，途經上海時，巴金、蕭珊夫婦在國際飯店宴請了穆旦、周與良夫婦，席間，巴金、蕭珊夫婦對穆旦今後欲從事俄國文學作品翻譯的想法給與了熱情鼓勵，後來蕭珊還送了她喜愛的英文《拜倫全集》給穆旦，穆旦如獲至寶，他後來根據這個底本，譯出《拜倫抒情詩選》和《唐璜》。

▼中學時代的蕭珊

　　穆旦回國這年寫給蕭珊的信很有意思，也是他們深厚友誼的一個見證：

---

[17] 1973年10月15日穆旦致楊苡信，《穆旦詩文集》第二卷141頁

今天上午剛發了一信給你，在外玩了一天，回來即看到你的來信。使我感動的是，你居然發牢騷說我的信太冷淡平淡了。可見我們很不錯。你應該責備我。我為什麼這麼無味呢？我自己也在問自己。可是，我的好朋友，你知道不知道，現在唯一和我通信的人，在這世界上，只有你一個人。這樣你還覺得我太差嗎？我覺得我們有一種共感，心的互通。有些過去的朋友，好像在這條線上切斷了。我們雖然表面上這條線也在若有若無，但是你別在意，在心裏我卻是覺得互通的。尤其是我感到外界整個很寂寞的時候，但也許是因為我太受到寂寞，於是連對「朋友」，也竟彷彿那麼枯索無味。也許是年紀大了，你的上一封信我看了自然心中有些感覺，但不說出也竟然可以，這自然不像年青人。你這麼傷心一下，我覺得——請原諒我這麼說——很高興，因為這證明一些東西。現在我也讓你知道，你是我心中最好的朋友。[18]

　　女人的心是敏感的，詩人的心也一樣敏感，也唯其這樣，才顯示了穆旦內心的真。這樣的真，在茫茫天地間，於是顯得無比珍貴。

　　穆旦後來的十幾部譯作都是經蕭珊介紹，由巴金主持的平明出版社出版，公私合營平明併入新文藝出版社時，穆旦給蕭珊的信中，說到這事：

---

[18] 1953年某月18日穆旦致蕭珊，《穆旦詩文集》第二卷第129-130頁。

你提到平明要歸併到公營裏去，也很出乎我的意外，因為我想也許可以經過公私合營的階段，這自然不是很愉快的事，對你，對我。至少由於你的力量，我得到了不少的幫助和便利，一變為公營，這些就要全沒有了，令人惋惜。[19]

為穆旦出版的事，蕭珊出了很多力。楊苡認為，出於保護穆旦的目的（免招人嫉恨而引起麻煩），不要忙著為他出書。這個想法並不被蕭珊認可。

因為政治運動，他們之間中斷了多年的聯繫，1971年底，穆旦和蕭珊恢復了聯繫。「我們真是分別得太久了，你說有十七年，是啊，我的兒子已經有二十一歲了。少壯能幾時！生、老、病、死是自然界的現象，對你我也不會有例外，所以你也不必抱怨時間。但是十七年真是一個大數字⋯⋯」[20]

但是留給他們的共同時間已經不多了，蕭珊於1972年8月病逝。

蕭珊去世之後，穆旦向巴金問起蕭珊安葬的地方，巴金給穆旦的回信提到，蕭珊在病中還幾次談到穆旦，還想找《李白和杜甫》這本書給他寄去，只是後來沒有買到，才不再提起。

1972年11月27日，穆旦致楊苡信，談起蕭珊：

---

[19] 1954年6月19日穆旦致蕭珊信，《穆旦詩文集》第二卷第132頁。
[20] 1972年1月16日蕭珊致穆旦信，《蕭珊文存》第203頁，上海人民出版社2009年3月版。

紙上光陰──民國文人研究

蘊珍是我們的朋友，她是一個心裏很好的人，她的去世給我
留下不可彌補的損失。我想這種損失，對你說說，你是可以
理解的。究竟每個人的終生好友是不多的，死一個，便少一
個，終於使自己變成一個謎，沒有人能瞭解你。我感到少了
這樣一個友人，便是死了自己一部分（拜倫語）；而且也少
了許多生之樂趣，因為人活著總有許多新鮮感覺願意向知己
談一談，沒有可談之人，即生趣自然也減速。[21]

友情在時間裏無限。

我在穆旦三個月的南嶽生活中，插入這麼一大段關於友誼的
故事，無非是以此來說明穆旦性格的一部分。關於他的性格，下
文還會寫到。分析穆旦的性格、探索他的精神世界，是本文努力
的一個方向。

穆旦安靜的外表下有著難以察覺的內心的火熱，正是這種火
熱，帶給他詩人的激情。他在僅有的自評文章中這樣說：

最大的悲哀在於無悲哀。以今視昔，我倒要慶倖那一點虛妄的
自信。使我寫下過去這些東西，使我能保留一點過去生命的痕
跡的，還不是那顆不甘變冷的心麼？所以，當我翻閱這本書
時，我彷彿看見了那尚未灰滅的火焰，斑斑點點的灼炭，閃閃
的、散播在吞蝕一切的黑暗中。我不能不感到一點喜。[22]

---

[21] 1972年11月27日穆旦致楊苡信，《穆旦詩文集》第二卷139頁。
[22] 穆旦：《關於〔探險隊〕的自述》，《穆旦詩文集》第二卷第59頁。

但是僅有激情還成不了穆旦，隨後西南三千里步行，穆旦和他的同學看到了中國廣大土地上貧窮的現實，這給他帶來了冷靜的思考。

這個中國教育史上的「長征」，歷時68天，行程3500公里——從長沙到昆明的步行，被美其名曰「湘黔滇旅行團」。時值1938年2月，當時南京失守，武漢緊張，長沙也面臨著戰爭的威脅，學校決定西遷至昆明，安排分三路入滇，海路、陸路及步行。因學校的補貼不足以解決赴滇旅費，大部分學生難以承受赴滇經費的負擔，步行實在是不得已而為之的行為。聞一多也參加了旅行團，他在給父親的信中寫道：「前函云乘汽車經桂林赴滇，今因費用過鉅之故，仍改偕學生步行。」[23]教師中有十一位參加，但自始至終參加步行的，只有聞一多、曾昭掄、李繼侗三位教授。

步行團成員分成攝影、寫作、調查、採集等小組，校方決定借此機會，讓大家接觸社會，提出瞭解民情、考察風土、採集標本、鍛煉體魄等要求，讓遷移本身成為一種教育。

步行團成員是艱辛的，他們跋山涉水，克服連續行軍的疲勞，還要照顧病員，不讓體弱的掉隊，要躲避敵機的空襲，防備土匪的騷擾。聞一多說幸好南嶽時的遊山經歷讓他一日行八十里尚不覺疲乏。晚上通常宿營在學校、寺廟、野店，或農家茅舍，與雞鴨豬牛同堂而臥。

當然，一路上也有很多風景。他們到桃花源，看到陶淵明筆下的世外桃源，與世外桃源形成極大反差的是，他們在途中見

---

[23] 聞一多1938年2月16日致父親信，《聞一多書信選集》第278頁，人民文學出版社1986年10月版。

到面黃肌瘦、衣衫襤褸的小孩，又看到被捆綁而過的壯丁。在一座深山裏，看見村婦裝束古舊卻很美觀。不久，發生了一件有驚無險的事，說是土匪迫近了，這時恐怖籠罩在夜色裏，後來天明了，終於平安無事。

他們過沅陵時，恰好沈從文回家在那裏，他把聞一多他們接到了他的「芸廬」用狗肉招待一番。

步行團還在一個侗族人居住地舉行過營火晚會，在玉屏縣時，曾昭掄向小學生演講，到黔東時舉行漢苗聯歡會，同學們唱歌，有人跳起了華爾滋。看到報上臺兒莊大捷的消息，在安南，師生們舉行了遊行大會，把個小小的縣城驚動了。

他們參觀黔東名勝飛雲崖，遊牟珠洞，看黃果樹瀑布。一路之上，風景如畫，聞一多不斷地寫生。劉兆吉堅持採集民間歌謠，他還常和向長清一起討論作詩、評論古今詩人的詩。

穆旦似乎並沒有參加攝影、調查、採集等小組，至於寫作小組只怕也沒有參加。關於西南三千里的步行，他只留下兩首詩《出發》和《原野上走路》，而且寫作時間不明，想來這僅有的兩首詩，也遠遠達不到寫作小組要求完成的任務數量。但是這三千里的步行中，穆旦的一個舉動引起了別人的注意。他隨身帶著一本英文字典，每天，他從字典上撕下一頁來，利用行軍時間，把單詞和句子念熟，到了晚上可以背誦、默寫的程度，便把這頁紙扔掉。到昆明時，他隨身帶的那本字典已經撕得差不多了。穆旦做的這件事，在聯大師生中傳開了。

安靜地勤奮地做自己的事是穆旦的性格，我們無需一定要讓穆旦活躍起來，一定要說他和劉兆吉、向長清一起搜集民謠，

還說他和劉、向兩位，在步行中計畫組織一個詩社。關於搜集民謠，朱自清這樣說：「他（筆者注：指劉兆吉）這樣辛辛苦苦的搜索，記錄，分辨，又幾番校正，幾番的整理，成了這本小書。他這才真正是採風呢。他以個人的力量來做採風的工作，可以說是前無古人。」[24]關於採風，起初是一個小組，但是堅持到最後的，只有劉兆吉一人，而向長清從一開始就沒有參加採風小組，所以朱自清說他「以個人的力量」。至於步行中計畫成立詩社，劉兆吉在《南湖詩社始末》一文中有過具體的敘述：

> 回憶南湖詩社的創建，首先要感謝向長清，是他首先提出來的，他付出的勞動最多。
> ……
> 有一天，向長清提出到達昆明後，約些愛寫詩的同學組織詩社，出版詩刊，我完全同意。他知道指導我採風的聞一多先生是知名詩人，並早已讀過他的詩集《紅燭》和《死水》。我倆商量成立詩社，一定要請聞一多先生當導師。
> ……
> 文法學院遷到蒙自。一天，我和向長清商量如何實現旅途中提出的成立詩社的計畫。我們一起拜訪了聞一多先生，同時想到朱自清教授也在蒙自分校，因而也請他為指導教師，兩位教授欣然同意。我倆立即分頭邀請同學加入詩社。[25]

---

[24] 朱自清：《〔西南采風錄〕序》，《朱自清全集》第412頁，江蘇教育出版社，1990年12月版
[25] 劉兆吉：《南湖詩社始末》，《劉兆吉詩文選》第62頁，雲南師範大學出版社，2003年4月版。

他們當時的同學趙瑞蕻在《南嶽山中，蒙自湖畔》一文中，也講述了同樣的過程。

　　這就是在蒙自成立的南湖詩社，穆旦是在這種情況下被邀加入詩社的。

　　我最初在看傳記時讀著穆旦在西南聯大參加各種火熱的文學社團活動的時候，想到自己收藏的《聞一多年譜長編》、《聞一多全集》、《朱自清全集》、《沈從文年譜》、《沈從文全集》、《三松堂全集》、《吳宓日記》等，心裏竊喜，想，這麼多書裏，總該有很多穆旦的相關情況吧，但是在查閱的過程中，我很失望，聞朱筆下我並沒有找到他們這個學生的名字。直到後來，我看到更多的史料，當分析了穆旦的性格之後，覺得這其實是很正常的，活躍不是穆旦的性格，所以他在老師眼中也不會有什麼特別之處。穆旦夫人周與良回憶他們婚後在美國的一段時間，周圍總有很多朋友非常熱鬧，那是在婚後，穆旦身邊有了周與良，而且和他們住在一個公寓房的還有好友巫寧坤，那時的熱鬧多半是周與良和巫寧坤帶來的。

　　穆旦性格並不活躍，但西南聯大活躍的空氣影響了他，同時他繼承了查氏家族自覺的文化立場，他的內心總是不斷地探索著。也許正是因不斷地探索，才有更多的沈默。穆旦雖然出身在北方，他有北方人的寬厚，但他的性格中更多的是南方人的安靜沈默，他的血管裏流的是查氏家族遺傳下來的南方人的血，他的火熱總在他的內心隱藏，繼而在詩歌中爆發。

　　但是蒙自的美和這個小鎮的安靜，讓詩人驚訝，穆旦筆觸之處是明朗的、歡快的：

我看一陣向晚的春風
悄悄揉過豐潤的青草，
我看它們低首又低首，
也許遠水蕩起了一片綠潮；

我看飛鳥平展著翅翼
靜靜吸入深遠的晴空裏，
我看流雲慢慢地紅暈
無意沉醉了凝望它的大地。[26]

　　蒙自位於雲南東南角上的一個小鎮，是西南聯大文法學院的安置地，聯大租借了海關和東方滙理銀行舊址，是蒙自最好的地方。海關裏高大的尤加利樹和一片軟軟的綠草是主調，樹上好些白鷺，另一角長著些芒果樹和木瓜樹，花也多，最豔麗的是葉子花，一叢叢一片片，朱自清說花色濃得化不開。

　　在蒙自，燕卜蓀教授還發生了一件有趣的事。他們的學校附近有一個池塘，池水清清，燕卜蓀見了，欣喜若狂，學校沒有洗澡設備，更沒有游泳池，這不是天然的游泳池嗎？他一看四周沒人，便脫衣下水，可是等他想上來時，衣服被偷去了，幸好有同學路過，借來衣服才給他解了圍。第二天，詩人教授又去游泳了，這時小偷出現了，高舉他昨天的衣服，伸出五個手指頭比畫著，詩人明白了，上得岸來，找出五元法幣給他，小偷便還了昨

---

[26] 穆旦：《我看》，《穆旦詩文集》第一卷第4頁。

天偷的衣服。我們的詩人並沒有生氣，反而握手致謝。以後的許多日子，小偷每過五天便來，並要去五元法幣，這樣持續了兩個月。有一次下雨，詩人沒去游泳，第二天，詩人才出校門，被守在門口的小偷逮著了，說你這鬼子不守信用。詩人雖然沒聽懂這話，但他自然明白對方的來意，他掏出兩張五元給小偷，可小偷只拿走一張五元走了。後來文法學院遷到昆明，小偷不再「看望」詩人，詩人擔心他是不是出了意外，為懷念這個小偷，這位詩人教授寫了一首詩，還稱讚這位不偷，不貪得無厭，且有理有節，吳宓說這詩的題目，應該譯作「盜亦有道」。

蒙自的南湖，是一個充滿詩意的地方，南湖邊，留下了多少詩人的足跡。穆旦常常一早在晨光熹微的湖邊大聲朗讀，他有一部很厚的美國教授佩奇編選的《英國十九世紀詩人》選集的影印本，視為珍品，時常翻閱，反覆吟誦。他醉心於雪萊哀悼濟慈的著名長詩《阿童尼》，還特別喜歡華盛頓・歐文的《見聞錄》，其中的《威士敏斯特教堂》，和《阿童尼》一樣，都背熟了。趙瑞蕻的回憶是很動情的：

> 除了《見聞錄》外，穆旦也十分喜歡惠特曼，他愛《草葉集》到了一個發瘋的地步，時常念，時常大聲朗誦；我到現在還想得起來他讀惠特曼那兩首悼念林肯的名作《啊，船長，我的船長啊！》和《當紫丁香最近在庭園中開花的時候》時的神態和聲音來。[27]

---

27 趙瑞蕻：《南嶽山中，蒙自湖畔》，《離亂弦歌憶舊遊——從西南聯大到金色的晚秋》第134頁。

穆旦：一生流浪的精神探索者

沉醉在詩生活中的人，他的心是充實的，愉快的，連神態和聲音裏也帶著滿足。

　　可是，這裏也不是世外桃源，在蒙自的時間和在南嶽一樣，實際上才三個月，因為戰爭形勢的急劇變化，空軍學校要建造機場，入駐海關，於是文法學院又搬家了，這次回昆明，聯大供文、理、法三院的新校舍已在大西門外落成，這時時間到了1938年8月。

　　新校舍建在荒墳堆上，分南北兩區，北區一邊是教室，一邊是男生宿舍，中間是圖書館，南區面積較小，全部是教室。房屋非常簡陋，教室用鐵皮屋頂，室內是泥土地，陽光猛烈時室內猶如蒸籠。宿舍是草頂，兩端有門，中間放了兩排二十張的雙層木床。夏天，昆明的雨雖然下得時間很短，但很猛，雨過了，宿舍裏漏水滴滴嗒嗒還要幾個小時。今天的昆明師範大學，還保留了當年聯大的一間教室。

　　圖書館位子不夠多，常常要上演搶位子的好戲。宿舍光線太暗，又嘈雜，還沒有桌凳，於是常常泡茶館。「泡」這個字非常形象，他們到茶館不是為了喝茶，而是為了在晚上有個燈火。汪曾祺1939年衝著沈從文的名字考到聯大，他最初的幾篇小說，就是在茶館裏出爐的。

　　文法學院搬到昆明才一個月，1938年9月13日昆明上空初次警報聲呼嘯而過，9月28日，九架日本飛機轟炸西南聯大。當時，穆旦等部分學生正在校外軍訓，才避免了這場災難。從此，跑警報這個詞就出現了。

　　聯大的學生，為了應付生活，常不得不兼職。「在昆明，他

們進入了各個階層，擔任起形形色色的職務。其中最普遍的是中學教員或家庭教師。其他像報館跑外勤的，商店當師爺的，電臺播音的，在電影院作廣告員或翻譯說明的，作電燈匠的，作小本經營的，機關裏當科長、秘書的，作郵務員的，甚至於從前昆明鳴放午炮的⋯⋯莫不有聯大同學。」[28]也有的幫儲蓄會抄寫帳目等，真是應有盡有，這也算是學生體驗生活的一個方面吧。

在昆明，南湖詩社的名字已經不適合了，後來聯大陸續出現了高原文藝社、南荒社、群社、冬青文藝社、文聚社等，這些文學社也產生了一批後來的作家，如汪曾祺、劉北汜、趙瑞蕻、林元、杜運燮、鄭敏等，穆旦這段時間的作品有《合唱二章》、《防空洞裏的抒情詩》、《勸友人》等，穆旦畢業留校後，繼續參加這些社團的活動，他著名的詩《讚美》最初就發表在《文聚》創刊號上，包括朱自清的《新詩雜話》，也發表在同期上。在《文聚》，穆旦又陸續發表了其他詩作，如《春底降臨》、《詩八首》、《紙上》等，後來，聞一多編《現代詩鈔》，收入《詩八首》及後來寫的《出發》、《還原作用》等。當時的詩友林元談及《讚美》時說：

> 詩人的才華當時還被埋在泥土裏，我們決定把《讚美》放在創刊號的「頭條」。寶石出土，便放出耀眼光輝，當時就受到不少讀者讚美。[29]

---

[28] 先聲：《兼職在聯大》，《茄吹弦誦在春城——回憶西南聯大》第286頁，雲南人民出版社、北京人民出版社1986年10月。

[29] 林元：《一枝四十年代文藝之花——回憶昆明〔文聚雜誌〕》，《新文學史料》1986年第3期。

確實，《讚美》以飽滿的熱情，寫出了詩人對國家和人民的熱愛：

> 我有太多的話語，太悠久的感情，
> 我要以荒涼的沙漠，坎坷的小路，騾子車，
> 我要以槽子船，漫山的野花，陰雨的天氣，
> 我要以一切擁抱你，你，
> 我到處看見的人民呵，
> 在恥辱裏生活的人民，佝僂的人民，
> 我要用帶血的手和你們一一擁抱。
> 因為一個民族已經起來。[30]

　　《文聚》還發表了不少西方人的作品，如里爾克、葉慈、魏倫、尼采的詩和歌德的散文等，不過這時，我們的玄學派詩人燕卜蓀教授已在1939年歐洲戰事開始的時候，向聯大校方請戰時長假，趕回英國了。他進入英國BBC廣播電臺工作，又出任中國部主編。戰後，他又來到北京，幾年後，他的小兒子只會說漢語了。在西南聯大，燕卜蓀對穆旦他們的影響是長久的，西南聯大也給燕卜蓀留下了非常美好的印象，他在一篇文章中反問：「你能想像牛津與劍橋全部搬到英格蘭西北僻鄉，完全合併成一個學校，而不爭不吵？」[31]這是一個外國人眼中的西南聯大，她不凡

30　穆旦：《讚美》，《穆旦詩文集》第一卷第68頁。
31　燕卜蓀：《戰時大學》，轉引自趙毅衡：《燕卜蓀：某種複雜意義》，《對

的風采甚至跨越了太平洋，更不要說生活在其中的人們了。

　　正是聯大校園內活潑自由的空氣培養了穆旦，社會生活經歷和民族命運的起伏造就了他，他的詩從最初的壁報飛出，慢慢地出現在聯大自己的紙質刊物上，以後又發展到香港《大公報》文藝副刊等，西南聯大的土壤培養了一代新詩人。

▼1938年12月，西南聯大高原文藝社社員遊昆明海源寺，右三為穆旦

三、生命跳躍在嚴寒的冬天

　　1941年12月，日本偷襲珍珠港，太平洋戰爭爆發，中國遠征軍進入緬甸戰場支援英、美聯軍對日作戰。1942年初春，懷著「國家興亡，匹夫有責」之志，穆旦參加中國遠征軍，任司令部杜聿明將軍隨軍翻譯，出征緬甸抗日戰場。以後，穆旦又被派到第五軍工作，擔任少校英文翻譯官，走在戰鬥的最前線。在一次

岸的誘惑》第156頁，知識出版社2003年1月版。

戰事失利後，中國軍隊按命令向印度撤退。穆旦從事的是自殺性的殿後戰，並退入胡康河谷。胡康河谷，位於緬甸最北端，重巒疊嶂，林莽如海，還有綿延不斷的沼澤，緬語意為「魔鬼居住的地方」，據說還有野人出沒，所以當地人稱之為「野人山」。

在戰鬥中，穆旦的馬死了，傳令兵也死了，他迷失在胡康河谷。日本兵追趕他，一路上還有死去的戰友腐爛的屍體和還睜著的眼睛。他的腿腫了，帶著致命的痢疾，還要讓螞蟥和大得可怕的蚊子叮咬，還有山洪的衝擊，又曾經一次斷糧達八天之久……

關於野人山戰役，穆旦最初回到聯大，一次在他的南開中學同學呂泳夫婦家晚宴時，他談到野人山，當時在座的還有他的老師吳宓及他聯大時的同學、當時已為講師的李賦寧，《吳宓日記》留下了這段記載：「鏡述從軍所見聞經歷之詳情，驚心動魄，可泣可歌。不及論述……」[32]時間為1943年1月25日。

此後他幾乎沒有再提起，只是有一次，被朋友逼得沒有辦法，他才說到他內心的對大地的恐懼。抗戰勝利後，1945年9月，穆旦寫了《森林之魅——祭胡康河谷上的白骨》，詩作寫出了當年艱苦環境的恐怖和戰爭的殘酷，表達了詩人對死去戰友的深切懷念。

穆旦的從軍和他從軍回到昆明卻沒有回到聯大教席，在我看到都是一個謎。誠然，愛國豈能落後，但當時政府的徵調令是要求應屆四年級男生入伍，而且校方規定，四年級同學服役期滿才能發給畢業證書，低年級若志願應徵，兩年期滿返校，可免修

---

[32] 吳宓：《吳宓日記》第九冊第16頁，生活・讀書・新知三聯書店1999年3月版。

24-32個學分。後來與穆旦一起被視為九葉派詩人的杜運燮當時正是聯大的學生，穆旦聯大的同學中，李賦寧、王佐良、楊周翰等，和穆旦一樣，也都留校執教了，但只有穆旦選擇了從軍。甚至，《國立西南聯合大學抗戰以來從軍學生題名》的碑中，有八百多學生的名字，但沒有教師穆旦的位置，可見當時教師從軍是少之又少。愛國因素是一個必然條件，但是如果我們把穆旦當成一個現實中的人來看，那時的他實在平常之極，留校教書時間不長，而且林元提到，當時他的詩名還被塵土掩沒著，又不活躍，更重要的是，教師至少還有一份相對穩定的收入來源，而他遠在京津的父母、妹妹都需要他的照顧，我猜想，除了他的熱血之心外，總還有一些其他的原因，如情感之類的，「我們相隔如重山！」[33]我以為，情感是最能影響一個人的心智的，穆旦是內向的，以詩言志通常是詩人的選擇，愛情詩《詩八首》正寫於他即將從軍的那個時期。所以我相信，這期間在穆旦身上一定發生了什麼特別的事。

後來，我的猜測基本上得到證實，穆旦晚年給他的忘年交郭保衛信中有這麼一句話：「你大概看到我的那「詩八首」，那是寫在我二十三四歲的時候，那裏也充滿了愛情的絕望之感。」[34]

歷經戰爭的殘酷，原本沈默的穆旦更加清醒了，他把內心熾熱的感情更多地投入到詩中。1945年1月，他的第一部詩集《探險隊》，由昆明文聚社出版。儘管歲月很殘酷，但他對詩的那份探索之心一直沒有停止過，《探險隊》這一詩集名字也就顯得

---

[33] 穆旦：《詩八首》，《穆旦詩文集》第一卷第77頁。
[34] 穆旦1975年9月9日致郭保衛信，《穆旦詩文集》第二卷第186頁。

意味深長。1947年5月，穆旦又自費出版了另一本詩集《穆旦詩集》。最早對穆旦詩的評論來自他的同學王佐良，《穆旦詩集》附錄收入了這篇詩論《一個中國詩人》，此文初刊於倫敦1946年6月的《Life And Letters》雜誌，他說：「是這一種受難的品質，使穆旦顯得與眾不同的。」[35]才年剛三十，已經滿目蒼桑，只因考驗著生死存亡的嚴寒冬天幾乎拽倒了詩人，以後又一次次地向詩人逼近。

▼1949年3月，穆旦於泰國曼谷

從軍回來很長一段時間，穆旦奔波於雲南、重慶、桂林、貴陽等地，又北上瀋陽辦起了《新報》，但是時間才一年多，報館被封閉，他又失業了。以後他留學美國，結婚，回國，1953年5月，穆旦被分配到南開大學外文系任副教授，他的夫人周與良任南開大學生物系教授。

穆旦利用他西南聯大時打下的俄文基礎和美國留學期間刻苦所學扎實的俄文知識，一回到國內，他便夜以繼日地投入到工作中去，陸續譯出了季摩菲耶夫的《文學原理》和普希金長詩《波爾塔瓦》、《青銅騎士》、《高加索的俘虜》、《歐根·奧涅金》、《普希金抒情詩集》等，季摩菲耶夫的《文學原理》當時發行量極大，很多大學以此書為文學理論課的教材。關於穆旦這段時間的翻譯，他夫人周與良回憶：

<hr />

[35] 王佐良：《一個中國詩人》，《穆旦詩集·附錄》第117頁，人民文學出版社2001年1月版。

▼穆旦1951年於芝加哥

那時是良錚譯詩的黃金時代。當時他年富力強,精力過人,早起晚睡,白天上課,參加各種會議,晚上和所有業餘時間都用於埋頭譯詩。為了詩的注釋,他跑遍各大學圖書館和北京圖書館等處去查閱有關資料。[36]

　　但是很快,形勢不容樂觀,1954年,外文系的幾名教授因為提出改進教學工作的意見而被扣上「對抗領導」的帽子,這年年底,在一次關於《紅樓夢》的討論會上,幾個發言者因為言論過激而冒犯了當時的領導,穆旦雖然未發言,卻因也準備了發言稿而被列入其中,成為所謂的「反黨小集團」,這就是震驚校園內外的「外文系」事件。

　　譯詩還在繼續,到1959年接受機關管制之前,他陸續翻譯了英國浪漫派詩人拜倫、雪萊、濟慈等人的詩,這段時間,穆旦的翻譯風格已經形成,他在營造環境、渲染氣氛、格律運用等方面都取得很大的成就。

　　與譯詩並行的是他不平常的政治人生。1955年在下半年的肅反運動中,因為抗戰期間參加中國遠征軍入緬抗日,穆旦被作為

---

[36] 周與良:《懷念良錚》,《一個民族已經起來》第132-133頁,江蘇人民出版社1987年11月版。

185
穆旦:一生流浪的精神探索者

「偽軍官」和「肅反對象」加以審查，每天八點到外文系交待問題，他為此飯也吃不下，覺也睡不著，苦惱於實在沒有什麼好交待的。

「大鳴大放」期間，他應《人民日報》副刊主編袁水拍之約，寫詩《九十九家爭鳴記》刊於1957年5月《人民日報》，不料因此招來更大的災禍。下半年反右運動中，穆旦的詩歌陸續受到批判，《九十九家爭鳴記》被批判為「毒草」。迫於壓力，穆旦就《九十九家爭鳴記》一詩寫了檢討《我上了一課》，發表於1958年1月的《人民日報》上。1958年12月，作為南開大學反右運動放出的一顆衛星，法院宣佈「查良錚為歷史反革命」，穆旦被開除教職，停發工資只給生活費六十元，並被判處機關管制三年，在南開大學圖書館接受監督勞動。

管制期間，穆旦被安排圖書館勞動，「圖書館樓道、廁所每天至少打掃兩次，原有的工人監督他勞動。晚上回家寫思想彙報，認罪反省，每週去南大保衛處彙報思想，每逢節假日被集中到保衛處寫思想彙報。」[37]這時候他更加沈默了，完全停止了著譯，中斷了與親友的書信，回到家也不願說話，他把痛苦深藏在心底裏，盡可能地獨自面對獨自承受。

1962的初，解除管制後，他在南開大學圖書館外文編目組，做外文書編目工作，環境是惡劣的，心情是鬱悶的，而且在當時的情況下，他的譯著根本無望出版，但這些並不能阻止他譯詩的熱情，在家人不知情的情況下，他悄悄地翻譯了俄國詩人丘特切

---

[37] 周與良：《永恆的思念》，《穆旦詩文集・序》第一卷。

夫的詩，並在1963年寄給了出版社（那個時候當然是無法出版的），之後，他便開始了拜倫的不朽名著、十幾萬字的長篇敘事詩《唐璜》的翻譯，「白天他要勞動和彙報思想，只能把晚上和節假日都用於翻譯。幾年含辛茹苦，廢寢忘食地工作，到1965年，這部巨著終於譯完。」[38]

嚴酷的冬天一次又一次地壓迫他，詩人內心的藝術之樹卻從沒有被嚴寒壓倒過。

「文革」開始了，穆旦被批鬥，抄家，送入「牛棚」勞改，圍繞著《唐璜》這部譯作，發生了很多的事，穆旦子女回憶：

> 記得那年8月的一個晚上，一堆熊熊大火把我們家門前照得通明，牆上貼著「打倒」的大標語，幾個紅衛兵將一堆書籍、稿紙向火裏扔去。很晚了，從早上即被紅衛兵帶走的父親還沒有回來。母親很擔心。我們都坐在白天被「破四舊」弄得箱倒椅翻，滿地書紙的屋裏等他。直到午夜，父親才回來，臉色很難看，頭髮被剃成當時「牛鬼蛇神」流行的「陰陽頭」。他看見母親和我們仍在等他，還安慰我們說：「沒關係，只是陪鬥和交待「問題」，紅衛兵對我沒有過火行動……」母親拿來饅頭和熱開水讓他趕快吃一點。此時他看著滿地的碎紙，撕掉書皮的書和散亂的文稿，面色鐵青，一言不發。父親一貫是惜書如金的，他的書總是保持著乾淨而整潔，常翻看的書都要包上書皮。他還常常告訴我們看書時

---

[38] 英、明、瑗、平：《憶父親》，《一個民族已經起來》第141頁。

手要乾淨，要愛護書不要窩角，此情此景怎能不刺傷他的心呢！突然，他奔到一個箱蓋已被扔在一邊的書箱前，從書箱裏拿出一疊厚厚的稿紙，緊緊地抓在發抖的手裏。那正是他的心血結晶《唐璜》譯稿。萬幸的是，紅衛兵只將它弄亂未付之一炬！[39]

逃過了最初的一劫，《唐璜》的命運又將如何呢？

1968年春天，別有用心的人趁火打劫，在一個周日的清晨突然來砸我們家門，聲稱要「造反革命的反」，讓父親出來「認罪」，限令一個小時之內把居室的東西搬出來。母親怕發生意外，馬上讓父親躲起來。那時我們兄妹尚年幼。母親隻身一人，怎能搬出這些傢俱？！結果幾個同夥的「造反派」把我們家所有的物品拖出房門扔到了大街上，嘴裏還高叫著讓我們交出父親。那天，我們都暫避到了親戚家。

記得那天晚上，躲過蠻橫糾纏的父親仍坐臥不安，他放心不下的是那部擺在露天的《唐璜》譯稿。母親安慰他說譯稿是放在書箱裏，壓在其他書籍底下時，他才稍稍安靜下來。第二天，勞改隊的「牛鬼蛇神」們把我們家搬到一座筒子樓的一間十幾平米的房間裏，放不下的傢俱就擺放到樓道兩旁和公用廁所裏。此後不久，父親就被關進校園內的勞改營，母

---

[39] 英、明、璦、平：《憶父親》，《一個民族已經起來》第141-142頁。

親被「隔離審查」。父母都不能回家,每日三頓飯還要我們送去……父親也曾關切地詢問廁所經常外溢的糞水是否淹到了書箱,念念不忘的還是那部《唐璜》譯稿。[40]

　　1969年,林彪「備戰疏散」的「一號通令」下達後,南開大學的「牛鬼蛇神」一律下放到河北保定地區完縣。穆旦被「隔離」在一個公社,周與良帶四個子女在另一個公社。《穆旦詩文集》收錄的兩封1969年8月穆旦致周與良的信反映了他當時的境況,他1970年的日記更加詳細地記錄了他送肥、掏糞、植樹、擔尿、餵豬、插秧、平田埂、開沙灘等勞動情況。以後穆旦又從完縣遣送到南開大學設在津郊大蘇莊勞改農場的「五七幹校」,直到1972年農場勞改結束,穆旦回到南開大學圖書館,邊勞改邊修改、注釋《唐璜》。他經常晚間下班後到圖書館查找有關注釋《唐璜》的資料,很晚才回家,有一次查到一個多月未能找到的注釋材料,欣喜之情溢於言表。到1973年6月,《唐璜》終於全部整理、修改、注釋完畢,然後將譯稿寄給人民文學出版社。一部《唐璜》,幾經曲折,總算得以全存且以全新

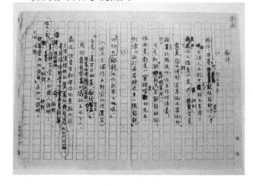
▼《唐璜》譯作手稿首頁

40　英、明、瑗、平:《言傳身教,永世不忘——再憶父親》,《豐富和豐富的痛苦》第225頁,北京師範大學出版社,1997年1月版。

的面貌出現，但這時，它的命運到底如何，也還是一個未知數。

完成了《唐璜》之後的穆旦，開始了奧登詩譯注和艾略特《荒原》的翻譯，等這些完成之後，為了譯作的精益求精，他又開始改譯普希金的詩。

這時候，詩人自身也已走到了他生命的冬天。

為長子查英傳從內蒙早日調回天津的事，穆旦經常四處打聽招工消息。1976年1月19日的那天晚上，他騎著自行車去找熟人，由於沒看清路從車上摔下來。當時他以為只傷筋沒有傷骨，並沒有去醫院，半個月後，去照X光片，才知是右腿股骨頸折，當時醫生認為在家靜養可自癒。

身體上的疼痛，更加上精神上的無所依託，那段時間，他的心情很差，好在還有朋友可以寫寫信說說心裏的苦悶。「你的信來的正是時候，我臥床差兩天即一個月了。整天躺著望著窗外的天空，有時是灰色的，有時耀光閃閃，但對我都一樣，日夜也一樣，有時拿書看看，看頭暈了就又呆視天空。日子是太單調了，心情也沉沉的。這時接到你久未來到的信是一種喜悅。」[41]「經常躺著，心情常灰色，所以也沒有動筆。」[42]「我近兩個月因為不能外出並需臥床而特別苦惱，整天昏昏沉沉，躺不是，坐也不是。抽空也看些書，讀點舊詩。很愛陶潛的人生無常之歎……」[43]

感受著人生的無常，捱過最初臥床後的單調日子，1976年3月，他又開始繼續奧登和艾略特譯注工作。4月到6月的這段時

---

[41] 穆旦1976年2月17日致郭保衛信，《穆旦詩文集》第二卷第195頁。
[42] 穆旦1976年3月8日致郭保衛信，《穆旦詩文集》第二卷第196頁。
[43] 穆旦1976年3月31日致孫志鳴信，《穆旦詩文集》第二卷第235頁。

間，則一頭扎進普希金詩中，開始改譯工作，效率很高，原設想兩年完成的，結果只用了兩個月的時間就大功告成了。

即使在這樣的日子裏，穆旦仍不忘記盡到自己作為父親的責任。大兒子查英傳在內蒙古，冬季農閒的時候回到家裡，他要兒子利用這段時間學習英語。長女查瑗初中畢業在塑膠廠當檢驗工，每週早中晚三班輪換，穆旦給她講解英文原著《林肯傳》等，從未因女兒的輪班而缺一次課。小女兒查平剛開始學習琵琶時，哥哥姐姐並不喜歡聽她的琴聲，穆旦讓小女兒去他的房間練習，唯美的詩韻和著不成熟的琴聲，但誰能說不和諧呢？

穆旦在北京的年輕詩友郭保衛在3月底去看他，他給我們描述了一個真實的穆旦：

> 每天清晨，洗漱後，他就吃力地架著拐，一步一步挪到書桌前，坐在自己的小床上，打開書，鋪好紙，開始一天的工作。由於腿傷不能長時間固定在一個姿態上，坐久後，便要慢慢地先將自己的好腿放到床上，然後再用手將那條傷腿搬上床，靠著被子，回手從書桌上將剛譯的稿子拿起，對照原著，認真琢磨，不時地修改著。晚上，孩子們各自分頭看書，他又回到自己的小桌前，工作起來。到11點鐘，簡單地洗漱後，才吃力地躺下。[44]

更殘酷的現實還在後頭。

---

[44] 郭保衛：《書信今猶在，詩人何處尋》，《一個民族已經起來》第174頁。

1976年7月26日，唐山大地震，震災波及天津，天津也達到八級。在給巴金的信中，穆旦詳細地敘述了這次地震的經過：

> 我當時正醒在床上，忽覺地動（事先沒有警告）趕緊起來，但因半年多前右腿骨折未痊癒，行動不便，跑至門洞未得出門。震得很厲害，先是上下跳動，然後東北擺動，以後又是南北擺動，幅度之大，好似在大浪的海船上。當時屋子吱吱地響，灰土下落，電線發出火花，外面響聲雷動，在這約一分鐘的大混亂中，我心中想，「我這回大概完了」。幸而屋子沒塌，三間屋子都裂了紋，屋上的煙囪倒了，磚頭落下，如果跑出太快，倒許被落磚打死。全家都安全出了屋子，外面還下著小雨。我前面兩排的一座小舊樓倒塌，埋進四個人，被大家救了出來，僅有受傷的，未死人。南大共壞了四百間房，凡是新蓋的房子都完好，太舊的房子則不行。天津和平區是舊日租界的房子，倒塌較多，另一原因可能是震幅正通過那一地區，因而比別的地區就損毀較大。南大校內僅死一人，但有物理系開門辦學到唐山的四十二人，則只活著回來18人，而且都受了傷。[45]

　　大家都在戶外搭了臨建棚，致使市內一度交通斷絕。穆旦他們是在南開大學校園內自己的屋前搭棚，晚間睡棚內，白天午睡在屋內，或在樹下看書談天，像夏令營似的。

---

[45] 穆旦1976年8月15日致巴金信，《穆旦詩文集》第二卷第134頁。

紙上光陰——民國文人研究

清晨，穆旦總是第一個起身回到房間緊張地譯詩，晚間不得不呆在臨建棚內。在月光下，他家的孩子和鄰居的孩子圍在一起，聽他講英文偵探小說中的故事。

他仍在與朋友談詩，心情也有了較大的變化，更多地安於現狀、與天地自然融為一體：

> 直到目前，我還睡在戶外棚中，其實睡屋內也可以（但有微震），可是，我逐漸感到戶外睡另有情趣，一是空氣新鮮，二是秋高氣爽，有月亮，有蟲鳴，與大自然共呼吸很不錯，所以在回屋住幾次後，現在又繼續住在戶外。

> 彷彿你上封信中談到，你很注意蟬鳴，說是蟬不鳴了，不過秋夜有許多小蟲的合奏曲，淒涼而悠揚，很好聽，你可以享受它。特別是如果你夜晚讀書或寫東西，伴著窗外的蟲鳴，那是很觸發靈感的。[46]

腿傷六個月後複查，結果是股骨頸長歪了，又裂開一縫，只能動手術，開刀釘釘子，但因為地震，傷員極多，醫院沒有床位，需要等一兩個月。他只有拄著雙拐在校園內走動，以保持身體的活力。

這半年內，他抱病重新提起詩筆，寫了幾十首詩。其中一首《冬》，在老友杜運燮的建議下作了改動，比原意更明朗了：

---

[46] 穆旦1976年9月16日致郭保衛信，《穆旦詩文集》第二卷第208頁。

我愛在淡淡的太陽短命的日子，
臨窗把喜愛的工作靜靜做完；
才到下午四點，便又冷又昏黃，
我將用一杯酒灌溉我的心田。
多麼快，人生已到嚴酷的冬天.

我愛在枯草的山坡，死寂的原野，
獨自憑弔已埋葬的火熱一年，
看著冰凍的小河還在冰下面流，
不只低語著什麼，只是聽不見。
呵，生命也跳動在嚴酷的冬天。

我愛在冬晚圍著溫暖的爐火，
和兩三昔日的好友會心閒談，
聽著北風吹得門窗沙沙地響，
而我們回憶著快樂無憂的往年。
人生的樂趣也在嚴酷的冬天。

我愛在雪花飄飛的不眠之夜，
把已死去或尚存的親人珍念，
當茫茫白雪鋪下遺忘的世界，
我願意感情的熱流溢於心間，
來溫暖人生的這嚴酷的冬天。[47]

---

[47] 穆旦：《冬》，《穆旦詩文集》第一卷第372頁。

「表明越是冬，越看到生命可珍之美。」[48]在寫法上，這詩受到葉慈的影響。

生命的冬天也珍美無限，穆旦又開始對以前譯過的拜倫抒情詩重加整理，他覺得拜倫詩不只在形式，更重要的是在內容，即詩思的深度上，對中國的新詩會起很大的作用。

還有更大的喜訊，「文革」結束後，他的《唐璜》也在郭保衛的聯繫下有了消息，他在日記中欣喜地記下這麼一行：

今並得悉《唐璜》譯稿在出版社可用。[49]

詩人之所以寫詩譯詩，是出於對詩的珍愛，《唐璜》尤是他的精心之作，現在得到這樣的消息，內心的喜悅一定讓他忘記了生命之冬的嚴酷和寒冷。

冬天結束了，他的生命已經走到了終點。1977年2月26日，他正要進醫院接受腿部手術，卻因心臟病發作而逝世。

1979年，法院撤銷對穆旦的原判，宣告無罪。1985年穆旦骨灰安葬在北京萬安公墓，墓碑上書：詩人穆旦之墓。墓中，有他心愛的《唐璜》相伴。

據說，晚年的穆旦喜歡讀雨果的《悲慘世界》，因為寫的是人性。當我讀著穆旦的詩、他的譯詩及他的書信、日記，還有一系列親友回憶他的文章時，我想的最多的也是「人性」這一類的

---

[48] 穆旦1976年12月29日致杜運燮信，《穆旦詩文集》第二卷第147頁。
[49] 穆旦日記手稿，1976年12月9日，《穆旦詩文集》第二卷第306頁。

話題。穆旦的天性裏有他查氏家族遺傳下來一貫的對文化的堅守，這是他生命中最豐厚最珍貴的精神資源。他說，「我至今仍然認為，人是只能或為①理想而活，或為②物質享受而活，享受拿到手，可能淡而無味；只有理想使生活興致勃勃。」[50]他還說，「活著本身就是白費力氣，最後白白回到泥土了事。所以明知其為傻事而還可以興致勃勃……可是終於是肥皂泡有值得回顧的樂趣，一輩子忙於爐灶的人不會回顧爐灶而生樂趣。」[51]最重要的是，「我總想在詩歌上貢獻點什麼，這是我的人生意義。」[52]

上面是「為什麼要寫」的問題，還有一個很重要的問題是「怎麼寫」，晚年的穆旦對詩歌的探索始終沒有停止過，即使在歷經苦難之後，他依然不改這樣的初衷。顯然有一種自覺的社會責任感、寫作使命感的驅使，穆旦以為，「必需以思想的因素加進去詩裏去，才能擴大其內容的範圍。」[53]他覺得寫作要有為十年、二十年甚至百年後的生命力考慮，他評論奧登的詩，「奧登寫的中國抗戰時期的某些詩（如一個士兵的死），也是有時間性的，但由於除了表面一層意思外，還有深一層的內容，這深一層的內容至今還能感動我們，所以逃過了題材的時間局限性。」[54]一個有眼光的作家，總希望自己的作品能夠存在於無限的時間裏。如果說人性，這恐怕是最能體現人性深處的地方，因為人性的深處，是靈魂對精神的守望。

---

[50] 穆旦1975年11月17日致孫志鳴信，《穆旦詩文集》第二卷第233頁。
[51] 穆旦1977年2月4日致杜運燮信，《穆旦詩文集》第二卷第150頁。
[52] 穆旦1977年1月4日致董言聲信，《穆旦詩文集》第二卷第170頁。
[53] 穆旦1975年11月14日致郭保衛信，《穆旦詩文集》第二卷第192頁。
[54] 穆旦1975年9月6日致郭保衛信，《穆旦詩文集》第二卷第184頁。

穆旦一生從未踏上過故鄉海寧的土地，但據說每次履歷表填寫籍貫，他都會認認真真地寫上「浙江海寧」四個字。一生都在進行精神探索的穆旦，一生行吟不絕的穆旦，其實他一生都在流浪。

2009年1月初稿

2009年2月修改

2012年7月三改

風風雨雨憶前塵
──「文革」中的豐子愷

一

　　一個人，只要和某一事物結緣，他便不會寂寞，這樣的人，也一定幸福。但，這也是有條件的：這就是人的一生可以按照自己的意願從容地選擇。如果是這樣，毫無疑問，豐子愷便是這樣幸福的人。

　　我們所知道的豐子愷，於藝術的領域，幾乎無所不通，繪畫、音樂、文學、金石、書法等，然而，人生無常，世事無常，也正是他一生結緣的藝術，給他帶了巨大的災難。

　　風雲變幻莫測。歷史是沒法改寫的，歷史的進程誰也意料不到：1966年5月，「文化大革命」正式開始，其時，豐子愷任上海中國畫院院長。

　　還在3月的時候，豐子愷偕妻徐力民、孫女豐南穎遊覽了紹興嘉興湖州等地，心情顯然不錯，題為《嘉興》的詩這樣寫：「三十年前此地遊，暗雲籠罩古城愁。如今再到經行處，處處紅

旗映畫樓。」[1]新舊前後，對比非常之鮮明，心情亦當如此。誰能料到：兩個月後的6月份，上海中國畫院出現了第一張批判豐子愷的大字報。大字報是針對豐子愷發表在《上海文學》1962年8月號上的隨筆《阿咪》的。《阿咪》的成文來自一次約稿。1962年，《上海文學》因為擴大版面的需要，當時在作家協會編輯部工作的女作家羅洪出面到豐子愷先生家向他約稿。羅洪和她的丈夫朱雯是在抗戰時的桂林與豐子愷認識的，他們曾一起在桂林的小餐館喝過老糯米酒。二十多年不見，這次專程去組稿，也是一次敘舊，他們說到桂林的老糯米酒。這樣溫馨的場景，想來一定感染了老畫家的心。兩周後，豐子愷便交給羅洪《阿咪》一文。

豐子愷曾經寫過《白象》一文，稱讚一隻名叫「白象」的貓有壯士風、高士風；也寫過一篇《貪污的貓》，調侃了貓可愛的貪婪；而這次的《阿咪》，寫的無非也還是家裡一隻非常可愛的貓咪。然而令人根本想不到的是，文章因為「貓伯伯」一詞而遭大罪。

他是這樣寫的：

▲豐子愷漫畫《白象及其五子》

這貓名叫「貓伯伯」。在我們故鄉，伯伯不一定是尊稱，我們稱鬼為「鬼伯伯」，稱賊為「賊伯伯」。故貓也不妨稱之為「貓伯伯」……。[2]

---

[1]　《豐子愷文集·七》第818頁，浙江文藝出版社、浙江教育出版社1992年6月版。

[2]　豐子愷：《阿咪》，《緣緣堂隨筆集》第445頁，浙江文藝出版社1983年5月版。

我小時候，家裡丟失了椅子長凳之類的，祖父便會罵上一句「賊伯伯」以示氣惱。由此可見，江南一地，這「伯伯」一詞真的是尋常得很，而大字報居然說，「貓伯伯」是影射毛主席，因為江浙一帶口語，「貓」與「毛」是同音。中國歷來就有捕風捉影的高手，歷來就有「莫須有」的罪名，而如此超群的想像力，真是青出於藍而勝於藍，令人生畏啊。

其實「貓伯伯」一詞，於豐子愷也許是習慣。1959年9月11日，他給幼子新枚信中就有這樣的話：「家中一切平安，貓伯伯也比以前胖得多了。」[3]他的習慣還因為他比較喜歡用家鄉的一些俗語、方言，這在他的文中信中常可看到，如他用「白場」代場地，用「捉草」代割草等，這也是我們今天還在用的方言。信手拈來的詞兒，卻令這個童心未眠的老畫家，無辜地捲進了這場可怕的政治漩渦中。

這之後，豐子愷被誣為「反動學術權威」、「反革命黑畫家」「反共老手」等等，甚而成為上海市十大重點批鬥對象之一。

針對《昨日豆花棚下過，忽然迎面好風吹》一畫，有人寫大字報，說此

▲豐子愷和貓

---

3 《豐子愷文集・七》第511頁。

畫歡迎蔣匪反攻大陸。「好風」者，好消息也。如此歪曲作品的意圖，實在是可笑之至。《炮彈作花瓶，人世無戰爭》這幅畫批判豐子愷迎合了日本帝國主義和國民黨的需要；《轟炸》一畫，原本是用來揭露、控拆日本侵略軍暴行的，卻說是為國民黨的投降叛國行為製造輿論。為了對豐子愷漫畫進行徹底的批判，他們還出專刊，如《打倒美術界反共老手豐子愷》、《砸爛美術界反共老手豐子愷》等。

對於豐子愷來說，他之挨批也不是一回兩回了。建國之初，他曾經因為提倡四君子畫而受到過嚴厲的批判，又據三次為巴金畫像的俞雲階回憶，當時，有人畫一個人拉著大大小小一群羊朝前走，豐子愷批評說這幅畫缺少生活經驗，其實只要拉一隻頭羊，其他的就會跟著走的。有人立即拍案而起，反駁他是在暗示不要黨的領導。在其後的知識份子思想改造運動中，他和其他許多高級知識份子一樣，作過深刻的自我批評，寫過《檢查我的思想》，把過去的自己批得體無完膚，甚至是自虐。1956年的《城中好高髻》、1962年文代會上關於大剪刀的發言也都受過批判，《阿咪》一文在刊出不久，《上海文學》雜誌要求從1960年起作全面檢查，檢查的結果，《阿咪》被捲入了「毒草」的行列，結論是影射。《阿咪》首次被批。雖然這樣，但是一個有思想的文人，他的意識深處總是仍保留著自我，雖然那個聲音已經很微弱。

因為製造了如此多的「毒草」，他本人需要「消毒」。這以後，豐子愷不得不每天去畫院，交待問題、接受批判。而他的家，經過了幾次被抄，電視機被搬走了，毛筆書籍字畫被運走

了，僅書畫就有四大箱一百七十幅左右，十多本相冊也被拿了去，更不可思議的是，還被抄去了七八千的存款，更不用說，工資已被減到了一半。

豐子愷一家寓居的這幢位於陝西南路39弄長樂村93號西班牙式的三層小洋房，1954年他用六千元頂進，其後每月付租金，現在一樣遭遇了不測，原本用作起居室的底層被退租，另外住進了人家，鋼琴間、磨子間也不再歸豐家，一個造反派甚至一度佔用豐家二樓的北房，似穿梭般經常來豐家，很讓人討厭。

二樓南房外有一個封閉式陽臺，陽臺中部有一個梯形突口，三面都有窗，上方還有天窗，豐子愷常在此處看書。坐在這裏，白天可看到太陽晚上可觀見月亮，因此被命名為「日月樓」。但是，這時候的日月樓，已是空空蕩蕩了，這對於一個畫家作家來說，沒有了書沒有了畫，沒有了精神食糧，還能算是一個有著完整意義的家嗎？

因為豐子愷的問題，有關人員受到了牽連，中學教師、佛教居士朱幼蘭因寫《護生畫集》文字之故，被指犯有罪過受審查，學生胡治均最初也受牽連在審查。最讓豐子愷傷心的是，原定要出國深造的小兒子新枚，因為父親豐子愷的問題，被迫留在上海等待分配。

▼豐子愷漫畫《白象及其五子》

二

　　「牛棚」，是我們經常看到的文革中的一個字眼，豐子愷一樣沒逃過「牛棚」一劫，有史料告訴我們豐子愷在「文革」近一年時的狀況。

　　「弟每日六時半出門辦公，十二時回家午飯，下午一時半再去辦公，五時半散出，路上大都步行（十七八分鐘可到），每日定時運動，身體倒比前健康，可以告慰故人。」這是豐子愷1967年4月8日致廣洽法師的信。除了身體不錯，實在沒有什麼好事可說的。這時，他為了交待問題，不得不天天到畫院，他是多麼地不情願，又是多麼地無奈，在此前的信中他這樣告訴故人：「弟近日全天辦公，比過去忙碌。而人事紛煩，尤為勞心……但得安居養老，足矣。」[4]而所言之「辦公」其實就是被批鬥的代名詞罷了。因為當時拉出去被批鬥也是家常便飯。

　　漫畫家張樂平後來這樣回憶：

　　「文劫」時期，我們當然在劫難逃。因他是美協上海分會主席，沈柔堅和我是副主席，他挨鬥，我倆總要輪流陪鬥，坐「噴氣式」，掛牌，一樣待遇。有一次在閘北一個工廠被揪鬥，我們一到，匆匆被掛上牌子，慌忙推出示眾。一出場，

---

[4]　1967年2月25日致廣洽法師信，《豐子愷文集‧七》第347頁。

紙上光陰——民國文人研究

使我好生奇怪：往常批鬥，總是子愷先生主角，我當配角，而這一次，我竟成了千夫所指，身價倍增。低頭一看，原來張冠李戴，把豐子愷的牌子掛到我的脖子上了。我向造反派頭頭指指胸前，全場哄笑，鬧劇變成了喜劇。有時鬥完之後，我們同坐一輛三輪車回家，彼此談笑自如。有一次他問我怎樣？我說「視而不見，聽而不聞。」我問他怎樣？他笑著說「處之泰然。」後來有一次，我突然看到他那飄飄然的長白鬍鬚被剪掉了。我很為他氣憤，他卻風趣地說：「文化大革命使我年輕了。」[5]

讀這一段文字，可以想見，這兩位漫畫家，在經歷的無數次的批鬥之後，已經能夠安然處之了……

1967年仲夏，豐子愷被關在上海美術學校數十天，雖然幾乎每天被揪出去批鬥，但他從不放在心上。他和畫家邵洛羊一起被隔離，還有的一點自由，是可以到食堂吃飯，可以到井邊汲水，兩人「牛棚」一間，短榻兩具，藥酒淺酌。豐子愷拿出自己摘錄的一本魯迅語錄給邵洛羊看，夜色低垂的時候，他倆蝸居斗室，卻是海闊天空地聊談，他們談得很多的是佛教，談佛教裏的大乘和小乘、南北宗，又慢慢轉到豐子愷的宗教信仰上，談弘一法師，談人生之無常，談他的護生畫……從人變成了「牛」，作品從香花變成了「毒草」，不變的還是那一輪明月。「牛棚」雖小，月亮同樣默默地灑進光來，精神上的創傷是這樣能夠相互安慰的！

---

[5]　張樂平：《畫圖又識春風面》，《寫意豐子愷》第214頁，浙江文藝出版社1998年8月版。

▼批判豐子愷專刊《打倒美術界
　反共老手豐子愷》封面

　　有一次，巴金去「牛棚」上班，在淮海中路陝西路路口下車，看見商店旁邊的牆上貼著批判豐子愷大會的海報，陝西路上也有。1967年8月16日，豐子愷在黃浦劇場接受專場批鬥會。九月，《打豐戰報》第一期出版，這份批豐專報除了批判文章之外，還有一些為批判豐子愷而畫的漫畫等。

　　當年畫家沈本千從朋友那裏看到一張「批鬥豐子愷專刊」，上有「十萬人鬥爭豐子愷」的大標題，不由怒從心起，信筆寫下一首《寄慰子愷》的絕句：「有理不容辯假真，鑠金眾口屈難伸！「鬥爭」我謂堪矜汝，畫筆能當十萬人！」[6]寫完之後只是終究不敢寄去，不敢去安慰老朋友。

　　1967年12月，新枚結婚之夜，豐子愷又被揪到虹口區開批鬥會，兩位新人不住地擔心著，幾次跑到樓下去看。

　　沒完沒了的批鬥，坐不完的「牛棚」，怪不得巴金在晚年無奈又憤慨地寫道：「明知伏爾泰和左拉要是生活在一九六七年的上海，他們也只好在「牛棚」裏搖頭歎氣。」[7]

三

　　1968年4月，兒子新枚離開上海赴石家莊華山製藥廠任技術

---

[6]　沈本千：《湖畔同窗學畫時》，《寫意豐子愷》第126頁。
[7]　巴金：《把心交給讀者》，《隨想錄》第44頁，三聯書店1987年8月版。

員,豐子愷即萌生了到石家莊去的念頭。在新枚瞭解了煙的情況之後,他讓新枚繼續打聽酒的情況。他說:「窩窩頭,我是一定吃得慣的,只要有酒。」[8]豐子愷喜歡喝酒,而且喜歡喝黃酒,他一度曾想定居臺灣,但因為他喝不慣臺灣的酒,便取消了定居那裏的念頭,所以酒是不能沒有的。新枚到石家莊才一兩個月,父親又對兒子說:「索性我與母大家都做了石人,也很好。但這是願望而已,不知能成事實否。」[9]

但的確只能是想想而已,身不由己的他還是要去「牛棚」的。3月,「文革」小組組織的狂妄大隊衝進上海畫院,他們把熱漿糊倒在豐子愷背上,貼上大字報,並讓他到草坪上示眾。回家時被家人發現,其間憤慨可想而知,但他只是輕描淡寫地說起這事,只是要求快拿酒來。酒恐怕真是個好東西,曹操長歎「何以解憂,唯有杜康。」杜甫感慨「李白斗酒詩百篇」,而阮籍,駕一馬車,邊行邊飲,路盡而號啕大哭。自古以來文人與酒結下不解之緣。如今對於豐子愷來說,一杯酒下肚,什麼憂愁都沒了,他已經把悲歡榮辱置之度外,有的是冷眼旁觀塵世的鎮靜和達觀。

六天「牛棚」上班,一天休息,豐子愷已經習慣了這樣的生活。他做起了連環詩詞句:「寥落古行宮,宮花寂寞紅,紅豆生南國,國破山河在,在山泉水清,清泉石上流……」一連接了六七十句,接不下去了,新枚來接,最後一句是「龍宮俯寂寥」,又回到了「寥」。看來父子兩個對這種遊戲有些樂此不疲。

---

[8] 1968年4月間致新枚,《豐子愷文集·七》第553頁。
[9] 1968年5-6月致新枚,《豐子愷文集·七》第555頁。

實在是因為有詩啊，「牛棚」的日子也還能苦中作樂。豐子愷顯然很欣賞馬一浮抗戰時寫的一首詩，其中有這樣的句子：「紅是櫻桃綠是蕉，畫中景物未全凋。清和四月巴山路，定有行人憶六橋。」四月，稱為清和月，六橋，就是杭州蘇堤蔣莊。馬一浮寫這詩時是在巴山四川，抗戰勝利後果然住到了自己嚮往的蔣莊。於是豐子愷和兒子談論起了老友馬一浮，說他可惜遲死了一年，以致被逐出。因為文革開始後，馬一浮被紅衛兵批鬥，被迫遷出蔣莊，住回到了他的「陋巷」，次年病故。馬翁自己也曾這樣明志：「如果見逼，可以坐脫立亡。」[10]，可惜沒有做到。

到了一九六九年，形勢慢慢有了變化：「近一二月來，變化甚多，總之是一步一步地使鬥批對象與群眾接近：起初拆牛棚，與群眾住在一起；改請罪為請示；改三鞠躬為一鞠躬；與群眾一起學習；今天又廢止勞動（本來每天早上勞動半小時，我是揩玻璃窗），前天起，大家戴像章。——總之，是漸漸地使我們與群眾相融合。看來是逐步進展，直到解放。」[11]

在其後幾個月的時間裏，被定為「走資派」的畫家程亞君，在隔離了一年多後，也放了出來。一度被一個造反派佔用的豐家二樓北房，這時也還給了豐家，這樣家中住房較前略顯得寬敞了。畫家唐雲差不多這個時候也撤銷了隔離。篆刻家錢君匋解放[12]了，恢復了原薪。賀天健解放後，歸還了抄去的存

10　轉引自劉衍文《馬一浮與熊十力》，《萬象》2007年第3期。
11　1969年4月28日致新枚，《豐子愷文集・七》第556頁。
12　當時稱「審查結束」為「解放」。

款，計有二萬多。畫院受批判的有二十四位畫家，這時已解放了一半。

八月的時候，情況又有些變化，三天（週一、二、三）是到博物館，三天（週四、五、六）是到藥廠或畫院勞動。畫家俞雲階為我們描繪了一幅博物館牛棚的情景：

> 大大小小幾十頭牛，被圈在棚子裏，靠著四面牆腳，規規矩矩，席地而坐，每天讀〈敦促杜聿明投降書〉。
>
> 投降書很長，一位老先生老眼昏花背不出，被人打得死去活來。豐先生不像別人那樣高聲誦讀，只是微合雙目，喃喃默念，天知道他在讀什麼。
>
> 當時，國無國法，「棚」卻有「棚」規。每天，我們必須清晨五點到「牛棚」，去作早請示；回家時，胸口掛的「牛鬼蛇神」的標誌牌不讓摘下，以便使我們的「資產階級思想」讓路人皆知。我可受不了，一出「牛棚」便把牌子扯下塞入口袋，免得讓家人心驚膽顫。
>
> 豐先生似乎永遠戴著牌子。一次，我乘26路電車，恰逢他從陝西路站上車，胸前赫然戴著「反動學術權威豐子愷」的標誌牌，車上許多人圍著他起哄，有人高喊打倒他；豐先生並不在意，自管自緊拽車頂扶桿，紋絲不動，眼睛定定地眺望窗外，人站得筆直，像塊厚實的木板。我想，他也許真的四

大皆空了。[13]

　　閒時豐子愷還是用各種方法消遣，有時造「平上去入」四言句，有時做「一聲詩」，即個個字用平聲，或上聲，或去聲，或入聲。有時玩集句。他和唐雲最投合，互相勉勵，互相安慰。

　　八月下旬，因為要備戰，還因為「清隊複查深挖階級敵人」，局勢一度又緊張起來，準備定案的推遲，已解放的都復查，大家天天寫思想彙報，每天一張紙。人家思想彙報寫得苦，豐子愷寫文章慣了，不覺其苦。豐子愷手中那支作畫用的毛筆，如今換成了自我批判的鋼筆，這才是世間最具諷刺意義的漫畫。

　　十月底，畫院全體人員到郊區港口曹行公社民建大隊參加「三秋」勞動，勞動期間每月放假四天。豐子愷在家附近的襄陽公園乘26路車到徐家滙，換56路到港口，再換龍吳路汽車到曹家港。一個七十多歲的老人，拖著顫巍巍的身體，顛簸在公交車上，輾轉一個多小時，這才到達目的地。他因為從小素食，所以自帶了醬瓜乳腐，每餐吃三兩飯，勞動是採棉花，洗臉用的是河濱的水，睡的是稻草床，卻是鋪在地上的！冬天下了雪，他和另一位老畫家朱屺瞻在一起，枕邊被上都是雪。

　　在鄉下，鬥批改還在進行中，他們還是沒有逃過被批判的命運，俞雲階這樣回憶：

---

[13] 方堅：《風雨憶故人》，《寫意豐子愷》第229頁。

紙上光陰──民國文人研究

林彪「一號通令」下達後，我和豐先生一起被趕到鄉下。看守的「小將」常常逼迫我們用漫畫的形式，來進行自我批判。這也算「以其人之道，還諸其人之身吧」。豐先生也畫了。一次，他把自己畫成一個叼著煙捲沉思的老頭，嘴裏噴出的煙霧，一圈又一圈，冉冉上升，在頭上盤旋成一堆高帽子。眾「小將」把這幅畫大批一通，說是豐先生這種時候有條件抽煙，可見革命尚未觸及靈魂。以後，他畫一張，被批一頓，並收入「黑畫冊」。現在想來，那些畫真是絕品，凝聚著歷史思考、時代特徵和中國人的精神意識。[14]

儘管是這樣惡劣的環境，消遣式的遊戲還在進行著。鄉下的風，叫「橄欖風」，他們玩起了對子，豐子愷對「黃梅雨」，唐雲對「芭蕉雨」。又寫起了全仄詩，默背古詩十九首。身體是那樣的不自由，心思和靈魂卻是困不住的，隨時可以自由地飛翔。

他想得比以前更多了，對於現狀，也更加淡定泰然：「我近來相信一條真理：退一步海闊天空。退一步想，對現在就滿足，而心情愉快。」[15]「形勢變化不測，我現在已置之度外，聽其自然。」[16]

而此時，豐子愷想去石家莊定居的想法也更加強烈：「至於石家莊物質生活條件，我實在看得很輕，不成問題。只要有酒（威士卡也好），我就滿足。」[17]

14　方堅：《風雨憶故人》，《寫意豐子愷》第220-221頁。
15　1969年5月17日致新枚，《豐子愷文集·七》第557頁。
16　1969年11月15日致新枚，《豐子愷文集·七》第571頁。
17　1969年8月23日致新枚，《豐子愷文集·七》第561頁。

儘管如此，他心裏還有一件熱切盼望的事，那就是解放，是退休。「八・二八命令後，加緊備戰，諸事延擱，我已有思想準備，耐性等候，並不煩惱。聽說，『退休』之風盛行。則我問題解決後，即可求退休，大願遂矣。」[18]「我無其他願望，唯有『求我所大欲』——退休家居。」[19]「我之所大欲，是退休。」[20]

　　對於「解放」、「退休」這樣的字眼，我在讀豐子愷書信時，一次次地看到，一次地心痛著，誰的年華最珍貴？大凡一個有意義的生命，他的年華總比一般人來得精彩。但就這樣一個有意義的生命和他原本應當更精彩的年華卻竟如此地黯淡著。

四

　　但是，如果說豐子愷現在只是用詩詞求得一時的消遣，那終究是片面的。

　　據豐蓉贛回憶，1968年，在上海幫豐家處理家務的石門灣人英娥，回石門時曾偷偷地來到她家，對她和她母親說，豐先生晚上回家，仍是喝一點酒，神情依舊，使人什麼也感覺不出，他是怕家裡人難受，吸的是低檔煙，又說：「不管怎樣，先生仍是每天早上五時左右起身，看書、寫字，從不間斷。」[21]

　　初讀這些，我心中有疑惑，他在清晨的這些時光裏，他的看書寫字具體到底做了些什麼呢？是否有比詩詞消遣更有意義的東

<hr>

[18] 1969年9月7日致新枚，《豐子愷文集・七》第562頁。
[19] 1969年11月27日致新枚，《豐子愷文集・七》第572頁。
[20] 1969年13月21日致新枚，《豐子愷文集・七》第575頁。
[21] 豐蓉贛：《憶子愷叔二三事》，《寫意豐子愷》第225頁。

西呢？最後的答案是肯定的。

　　1969年的暮春，學生胡治均審查結束給予解放，來看望老師，他為不能保住老師的畫作而失聲痛哭，豐子愷卻給了他很多鼓勵。當他再一次去看望老師時，豐子愷先生交給他一封封好的信封，他回家拆開一看，是一幅題為《初步》的漫畫。此後胡均治每次到豐先生家，都會收到先生的畫。這些畫就是豐子愷利用清晨四五點鐘的時光完成的。那些畫後來被名為《敝帚自珍》。

　　豐子愷夢寐以求的退休閒居生活，在1970年年初他得病之後變相得到了。2月2日豐子愷全身抽筋，神經性發作，當時回滬在家的新枚夫婦和姐姐一吟，好像仙人指使似的，把他送到醫院看肺病，當醫生的姨外甥女也一起苦勸他住院，這一查，果然很嚴重，是中毒性肺炎，幸好醫治及時。在醫院，他作《病中口占》：「風風雨雨憶前塵，七十年來剩此生。滿眼兒孫皆俊秀，未須寂寞養殘生。」[22] 在寂寞的病床上，回憶風雨往事，他一定是想了很多很多。

　　三月底出院，熱度還是長久不退，回到家的豐子愷睡在陽臺，睡在那張連腿也不能伸直的小床上，這張小床至今仍完好地保存在石門豐子愷故居緣緣堂內。久違的日月樓啊，又能夠在這方小天地裏看到日月的運轉了，日月山川在他心中沉澱起來，他的心複又變得敏感了。「江南正是『催花時節』。『小樓一夜聽春雨』，正是此時。窗前楊柳初見鵝黃，不知北地春色如何。」[23]「江南春色正好，窗中綠柳才黃半未勻。但遙想北國春光，也必

----

[22] 《豐子愷文集‧七》第821頁。
[23] 1970年3月30日致新枚，《豐子愷文集‧七》第578頁。

另有好處。」[24]「我近來已慣於寂寞，回想往事，海闊天空，聊以解悶。窗前柳色青青，反映於玻璃窗中，姍姍可愛。」[25]

楊柳青青，豐子愷一定在懷念著從前的日子。從前的日子，全憑他自己的喜好畫畫，他畫的最多的是楊柳和燕子。曾有過一幅畫，畫中人面窗而坐，窗外柳絲紛紛，而今，他自己成了畫中之人，不免讓人感傷！更讓人悲哀的是，現在他是一個真正被圈住框起來的人，他不再自由，連他想去石家莊看看自己的兒子都不可能！像生命一樣寶貴的自由，你在哪裏啊？

「今年春天如此過去，多可喜，亦多可悲。喜者，不須奔走，悲者，寂寞也。」[26]因為病，因禍得福般地可以不須奔走，他的內心有喜悅，但也因為病，更因為身體的不自由，悲哀才來得那麼真切。他悲的其實不是寂寞，而是因為無法自由地用自己的筆描繪理想，這才是內心真正的悲涼。「病照舊，情況亦照舊，荏苒光陰，又近年終。韶華之賤，無過於今日了。」[27]是湊合著活下去，還是堅持理想，一顆苦悶的心在日夜思索著，他又寫起了全仄詩：「晚歲命運惡，病肺又病足，日夜臥病榻，食面或食粥。切勿訴苦悶，寂寞便是福。」[28]

雖然心中有苦痛，但豐子愷不是一般的人，他心中還有佛，佛教徒的出世心態和藝術家的入世情韻，讓他看破紅塵又癡迷於紅塵。

---

[24] 1970年4月2日致新枚，《豐子愷文集‧七》第579頁。
[25] 1970年5月7日致新枚，《豐子愷文集‧七》第584頁。
[26] 1970年5月23日致新枚，《豐子愷文集‧七》第586頁。
[27] 1970年11月7日致新枚，《豐子愷文集‧七》第609頁。
[28] 《豐子愷文集‧七》第822頁。

等到體溫慚慚退下去之後，他通常早上四、五點起來，到七點之前，臨帖約一個小時，清晨再就是寫讀，他在這一年翻譯了日本古典文學作品《落窪物語》和《竹取物語》。八時吃藥睡覺，到九時半起來吃牛奶，在床上看書寫信，直到正午，在床上吃午飯，睡覺，三時起來，再看書休息，六時吃粥，黃昏閒談，八時半就寢。就是這段時間，他看了好多書，《紅樓夢》、《水滸傳》、《儒林外史》、《二十年目睹之怪現狀》等，他教兒子，臨帖要先臨楷書，次臨北碑、章草。他在重讀《紅樓夢》的時候，做起了《紅樓雜詠》，雜詠寫得相當有味，如詠黛玉，最後幾句是：「如花美眷歸黃土，似水流年空度。紅樓夢斷無尋處，長憶雙眉頻鎖。」[29]

　　對石家莊的嚮往還是沒有停息，他在1970年7月16日和1971年3月10日致新枚的信中這樣寫道：「你那裏的餐館，使我憧憬，有座頭可選擇，有酒有飯，才有意思……我希望到石家莊，上那餐館喝酒。」，「來信描寫酒店，好似一篇小說。我盼望身入此店，不久可實現了。」

　　讀著這樣的文字，字裏行間我讀出一個藝術家對生活的那份深深的眷戀，也讀出一個老人對現實的無助和苦悶，而清晨的時光裏，我彷彿看到這樣的音容：白髮蒼蒼，卻意志堅定，那全然因為對生命的真愛、對藝術的熱情。

---

[29] 《豐子愷文集・七》第823頁。

五

　　這之後，還是在清晨的時光裏，豐子愷的創作更加旺盛了，1971年的年初，他還在繼續《敝帚自珍》的繪畫，這時已增加到六十多幅。《敝帚自珍》大都是豐子愷追憶舊畫題材重新繪製的作品。後來又寫「舊聞新譯」，就是將古書上所見的有意義的故事，用白話譯出。他引用陶淵明的詩，來表示對自己所做之事的興趣：「但願長如此，躬耕非所歎。」、「在世無所需，唯酒與長年。」

　　四月份，窗中時有柳絮飛進來，豐子愷想起薛寶釵的《臨江仙》：「白玉堂前春解舞，東風捲得均勻，蜂團蝶陣亂紛紛。幾曾隨流水，豈必委芳塵；萬縷千絲終不改，任他隨緣隨分。韶華休笑本無根，好風憑藉力，送我上青雲。」薛寶釵的柳絮是逍遙的，因禍得福的豐子愷，心情也日漸舒暢，趁著這股好風，豐子愷開始了《往事瑣記》的寫作。《往事瑣記》共三十二篇隨筆和一篇札記，後改為《續緣緣堂隨筆》，最後定名為《緣緣堂續筆》，收入《豐子愷文集》。

　　《瑣記》主要寫豐子愷對遙遠往事的回憶，尤其是對故鄉石門灣發生的人和事的回憶。石門灣就像是一部小說，那些沉澱了幾十年的人物，在豐子愷的記憶裏一個個地登場：那個自耕自食的癩六伯，每天賣完自己從鄉下帶出來的土產之後，便在湯浴和酒店喝酒，喝醉了便在橋上罵人，罵他心中的不滿。癩六伯有一片自己的竹園，養了一群雞，還種了些菜，雖孑然一身，卻自得其樂；像芸娘一樣的祖母，讀書識字、個性開放又爭強好勝，

對兒子寄予希望，就連死也要死在兒子中舉之後；秀才五爹爹考場失意、生活清苦、子女或不成器或夭亡，但他一生達觀，因得長壽；還有如潤土一樣的王囡囡、長著像鱸魚一樣嘴巴的阿三、會拉二胡的阿慶、有著二個情夫的S姑娘等等，還有如鄉下的過年、清明、放焰口、廟會等，無不給豐子愷留下深刻的印象，石門灣以外，還回憶了一些發生在杭州、上海等地的一些人和事。《瑣記》中最能代表他晚年心境的有《暫時脫離苦海》和《塘棲》兩文，他對日本作家夏目漱石的認同，實則是他對人生和命運的達觀的理解和擁有的一份從容的心態，他回憶往事，並通過這些往事表達對自己、對人性的理解。

劉英在《往事瑣記》一書的前言這樣評價：「在充斥著大批判話語霸權的喧囂中，在中國幾乎所有的文人作家都無奈地投筆虛度的年代裏，豐子愷的創作仍能保持獨立的品格，以其超脫清新的風格，睨視主流社會的陳詞濫調，這實在是一個奇蹟。」[30]《往事瑣記》）確實是這樣，文革中有多少人因被剝奪而放棄了他們手中的筆，但豐子愷還在堅持著，雖然不再從容。所以柯靈、王西彥、郭紹虞等人都認為這樣的事在新文學史上是極少見的。

大約二個月後，當枝上柳絮吹又少、春去了的時候，《往事瑣記》可說的往事，大都已記出。又想起印度人馬鳴王所著的《大乘起信論》，日本人湯次了榮作了較詳細的注釋，即《大乘起信論新釋》，他決定翻譯此書。豐子愷當年讀此書很受感動，因而信奉了佛教。1937年日本人進犯、他們離開緣緣堂前，幸而

---

[30] 劉英：《藝術人生的真我回歸》，《往事瑣憶·前言》，湖北人民出版社2007年1月版。

從屋中搶出；1969年抄家時，《大乘起信論新釋》和被人借走的《二十四史》一樣又倖存了下來，兩次虎口餘生啊，似有佛靈保佑。他覺得譯《大乘起信論新釋》比寫《往事瑣記》要有意義得多。為了避免不必要的麻煩，豐子愷將譯《大乘起信論新釋》說成弄他的「哲學」，每天早晨三、四點起來，為他的「哲學」忙得不亦樂乎。朱幼蘭常來，也為此「哲學」。

《敝帚自珍》也還在不時地增加著，《竹几一燈人做夢》、《春在賣花聲裏》等，有一次讀辛棄疾的詞，又發現了一好畫題材，於是《西風梨棗山園》就成了。因為這些早晨的工作，他覺得生活無限有味。

得意之時，又與兒子談論起文學，「中國文學的確偉大，世無其匹。今寄你日本和歌四首，你看，他們這種詩，實在無味。比起我們的絕詩，詞曲來，不成其為詩也。」[31]有一次，老友鄭曉滄告訴他雙字聯：「翠翠紅紅處處鶯鶯燕燕，風風雨雨年年暮暮朝朝」，還有人舉金木水火土五行俱全的五言詩句：「煙鎖池塘柳」，他也自己集起了三字連用句：「庭院深深深幾許；夜夜夜深聞子規；日日日斜空醉歸……」又有一次，他居然發覺：蘇東坡的「重重疊疊上瑤台，幾度呼童掃不開。剛被太陽收拾去，卻教明月送將來」竟是一個謎語，謎底就是花影。

只因為有了清晨幾個小時美好的創作時光，還因為生活中有了文學的滋潤，豐子愷在雖然還不自由的日子卻過得很自在，他在1971年9月3日給新枚信中這樣寫道：「我每日七時上床，至遲八時入

---

[31] 1971年8月6日致新枚，《豐子愷文集・七》第637頁。

睡。四時起來，已睡八小時，不為少矣。四時人靜，寫作甚利，你說筆跡比前健，我自己也認為如此，所以最近的畫實比往昔者為勝，你與胡治均，是最忠實的保管者。」[32]這是一個自我的世界，是一個藝術的世界，這個世界，在黎明的靜悄悄中，悄然復蘇並盛情開放。

六

形勢顯然還很緊張，常有人來「探望」他，有時，來人並不說話靜坐一陣就走了；有次有人來調查抄家的情況；有次有人來外調錢君匋；還有次是來向他調查一個名叫《絜茜》的雜誌的。為此，豐子愷不時地叮嚀新枚，看過之後將信毀去，又和新枚約好，用「語錄」來代替「畫」。

但儘管形勢依然險峻，對豐子愷來說，清晨黎明之前微弱的燈光下的時間仍是自由的，到了1972年9月，《敝帚自珍》的畫已創作了一百四十幅，那年，他又完成了日本古典小說《伊勢物語》的翻譯。

因為一場病，而有這麼多意想不到的收穫，豐子愷的心情是愉快的，他在1972年6月21日給魏風江的信裏這樣寫道：「叨天之福，老而彌健，茶甘飯軟，酒美煙香，不知老之將至也。」[33]魏風江是豐子愷在春暉中學和立達學園的學生，後來留學印度，師從泰戈爾。因為魏風江的關係，兩位不同國籍的藝術家，相互欣賞到對方的作品，並且彼此讚賞著。後來泰翁也選派他的得意

---

[32] 1971年9月3日致新枚，《豐子愷文集‧七》第645頁。
[33] 《豐子愷文集‧七》第706頁。

門生洛克什・錢德拉（Lokest Chandra）到中國師從豐子愷，而且還翻譯了豐子愷的《護生畫集》，傳為中印藝壇的美談。那一天的信裏，除了送給學生自己的畫以外，豐子愷還給魏風江改詩讚泰戈爾「詩學泰翁大道高」。

那陣子，來信索畫的有很多，周日、胡治均、朱幼蘭必定會來，豐子愷給胡治均教學《論語》、《孟子》。寫意山水畫家程嘯天，先後給他寄來茶葉、筍乾等物。小小的日月樓，豐子愷雖幽居於此，也不覺沉悶，讓他想到歸有光的項脊軒，歸有光讀書軒中，且能以足音辨人。豐子愷也如此，連妻子是抱著孩子進來的，還是端著碗進來的，或空手進來的都知道，但最重要的是，他們精神相通，筆墨也一樣燦爛。

1972年11月，有喜訊傳來，他翻譯的屠格涅夫的《獵人筆記》在北京出版，另外《豐子愷畫集》在上海發賣。9月初，女兒一吟在幹校三年，這時也調到人民出版社翻譯組工作。更大的好消息是，1972年12月30日，他終於被告知「解放」了，作為自由職業者，內部矛盾處理。審查的結論是「不戴反動學術權威的帽子，酌情發給生活費。」這一天，他給遠在石家莊的兒子新枚、給在杭州的義女軟軟寫信，告知他們這個消息。

不久，女兒一吟到畫院，帶了四大箱書畫來，從前抄去的，都還來了。歸還的字畫，豐子愷作了處理，除給胡治均數小幅外，其他的五六十幅裱好的，都給了新枚，字留給大兒華瞻及幼女一吟。

有意思的是，在清理返還的抄家物資中，反還多一些，如一個扇面，是五九年豐子愷寫給《光明日報》高級編輯黎丁的，居然也在內，豐子愷便重新送給他。此時來信及登門求畫的也更多

了，他在1973年2月16日致黎丁信中說：「近日求畫者多，大約「毒草」已變香花？我很奇怪。」[34]11月，他又向黎丁去信，打聽宋雲彬、傅彬然、華君武、王朝聞、葉淺予、朱光潛、沈雁冰等人的情況。

1973年的春節，和很多人家一樣，豐子愷一家過得非常隆重，除夕夜大家交換禮物、猜謎，一直鬧到深夜。初一初二，客人來得很多。年初三，上海菜館開業了，全家人去吃中菜。身體好了，豐子愷天天在家日飲白蘭地一小瓶。電視歸返後，在三樓放映，因弄內只有這麼一台電視，所以弄堂的人都來看，非常熱鬧。

春節過後，從北京傳來的消息說，因中日邦交日趨親熱，北京有人提議刊印《源氏物語》，這是世界上最早的長篇小說，豐子愷費時五年，於「文革」前譯完，共計一百萬字。譯完後，幸而稿子堆積在北京出版社，躲過了這場災禍。豐子愷跟兒子說起《源氏物語》時，慶幸在「文革」前半年完成，是天遂人願。

被「解放」之後的豐子愷，創作慾望更強烈了，1973年，豐子愷又創作完成《護生畫六集》，由朱幼蘭題字。

對於豐子愷來說，《護生畫集》是他對老師弘一法師特別的紀念，就是在病中，他依然念念不忘此事：「弟去冬患肺病，曾住院數月，後返家靜養，現已好轉，唯步行困難，終日臥床，頗感岑寂耳……病中回憶往事，時多感慨。弘一法師曾約《護生》集六冊，已成其五，尚缺其一，弟近來夢中常念此事，不知將來能否完成也。」[35]

---

[34] 《豐子愷文集・七》第388頁。
[35] 1971年1月11日致廣洽法師，《豐子愷文集・七》第350頁。

風風雨雨憶前塵——「文革」中的豐子愷

這時已是皓首銀髮的豐子愷，心裏總是想著老師的託咐。那年他在西子湖畔，靠賣字畫為生，「生活草草維持，但無有餘貲耳。最抱歉者，復員後即思續繪《護生畫》第三集。（弘師遺言，須畫至六集止。弟誓必實行。）只因日日為生活而作畫，至今竟尚未完成。但望今後半年內，必須完成。（近收件甚多，收入有餘，開春生活當可安閒，即專心作《護生畫》。）」[36]即使是貧困中，即使在病塌上，即使不尋常的日子，豐子愷擔著風險完成了全部護生畫的創作，故而廣洽法師在《護生畫第六集序言》中讚道：「蓋居士處此逆境突襲之期間，仍秉其剛毅之意志、真摯之情感，為報師恩，為踐宿約，默默的篝火中宵，雞鳴早起，孜孜不息選擇題材，悄悄繪就此百幅護生遺作的精品，以待機緣。」[37]

　　朋友們也陸續被「解放」，相互間又漸漸有了來往，多年不通音信的，也開始走動，所以，來訪的朋友很多，吳朗西、薛佛影、蔡介如、曹辛漢等，日月樓又見苦澀的歡笑。

　　1973年的春天，學者劉葉秋重又和豐子愷有了聯繫。豐子愷曾經送給他的一幅畫《好花時節不閑身》，原本一直掛在牆上，經亂久失。這畫他是非常喜歡的：畫中之人面窗而坐，看到的是他的背影，而手中香煙，煙霧嬝嬝，似乎正為寫作沉思著，窗外則柳絲飛揚，花開一春，正是好花時節！豐子愷聽說畫遺失後，又重作一幅，這次將畫中人的遠視，改為伏案疾書，正應和了劉葉秋的刻苦治學精神，也表達了豐子愷內心的渴求。過去的好花時節，是那樣的忙碌而快樂，如今雖然還在用筆，卻已不再自

---

[36] 1948年1月28日致廣洽法師，《豐子愷文集・七》第195頁。
[37] 《豐子愷年譜》，盛興軍主編，第551頁，青島出版社2005年9月版。

由，而更多的時光，在這個愉悅的好花時節悄悄地溜走，讓人徒感悲傷。豐子愷的心一直是細膩的，他不會不有所感觸。

同年，被譽為「江南隸書王」的沈定庵，在審查結束恢復人身自由之後，特地趕到上海拜望一別多年的豐先生。之前，沈定庵曾兩次到上海拜訪過豐子愷，他曾用中國傳統肖像畫技法，為弘一大師造像，豐子愷稱讚畫得極像，並親自題款。如今劫後重逢，他們彼此互訴衷腸。沈定庵無比痛心地告以所藏豐先生字畫已毀於一旦，豐子愷把頭一仰，堅定地說：「定庵，重頭來過！」語氣鏗鏘有力，給了沈定庵極大的鼓勵。臨別之時，贈送對聯「橫眉冷對千春指，俯首甘為孺子牛」一幅，並且緊緊握手。後來，他們繼續著書信往來，豐子愷仍以書畫相贈。

秋天，沈本千寄來他的畫《西湖長春圖》請子愷題詞，他是上一年為自己七十歲自壽而畫的，然後請老友們題詠紀念。豐子愷的題詞說，觀圖想起少年遊釣之地，又想起李叔同老師當年教唱的西湖歌詞，最後又寫自己長本千五歲，讀來有一唱三歎之感。

也是在這年的年底，常熟俞友清贈以豐子愷一雙紅豆及詩《歲暮懷豐子愷於上海》，寄託了他對老友的思念之情。抗戰時他們一起流亡重慶，俞友清最喜歡的是豐子愷送他的一幅《寒窗課讀圖》，如今人過古稀，詩也懶得寫了，對於老朋友，也沒有什麼好送的，且用一雙紅豆寄託相思，如果老友有什麼新作，就當作是一枝梅花寄給故人欣賞吧。俞友清鍾情紅豆，是位紅豆迷，多方搜集紅豆、吟詠紅豆的詩文多年，後來，詩文編成《紅豆集》行世。豐子愷果然不負老友的希望，他寄上一幅《東風浩

蕩圖》,並和詩一首《俞友清(迂叟)惠詩四絕步原韻奉和》,以「日飲三杯不算頻,最繁華處作閒民」的心語寄慰友人。

七

1973年3月的早春時節,「解放」了的豐子愷在學生胡治均的陪侍下來到杭州,探望他的胞姐豐滿和豐滿之女兒即自己的義女豐寧馨,寧馨就是小時候出現在子愷漫畫中的軟軟。豐滿也曾隨弘一法師皈依佛門,弘一法師還給她起法名夢忍。豐子愷看到八十三歲的老姐姐,很健康,吃得比自己多,甚感欣慰。

杭州,是豐子愷視為「第二故鄉」的地方,是他早年的求學之地,在浙江省第一師範學校,豐子愷遇到了對他的人生產生過很大影響的李叔同、夏丏尊等老師,還有在性格上對他有過影響的同學楊伯豪,那一份珍貴的記憶總珍藏在心頭。

▼漫畫《東風浩蕩》

緣緣堂建成後的次年,豐子愷還把杭州作「行宮」,每年春秋兩季住在西湖邊上,畫畫寫作消遣,抗戰勝利後,又回到西子湖畔,在當時叫靜江路現在名北山路的裏西湖湖畔小屋中過著悠閒的生活。

豐子愷在杭州時,任《浙贛路訊報》副主編的舒國華同住在靜江路,和他近鄰,豐子愷常為該報副刊「浙贛園地」設計刊頭,發表詩

畫，他倆被稱作「豐舒詩畫」。豐子愷為拒官而作的《白菜圖》，右上方題了舒國華作的詩句「菜根味厚宦情薄」，署題「舒國華句子愷畫」，並將《白菜圖》贈舒國華珍藏。如今，重回杭州的豐子愷，不免想起這些詩畫合作，惚恍如在夢中。

那時候，與豐子愷同時卜居杭州裏西湖的，還有作家許欽文。早在二十年代，許欽文經豐子愷的學生陶元慶介紹而認識了豐子愷，後來許欽文一貧如洗的時候，豐子愷曾給予資助，可他自己全靠賣字畫為生，經濟上很拮据。當時眾多貪官污吏賣國自肥，肉食之餘，還剩些骨頭，他們的爪牙就群趨爭食，但每當談到謀些收入的時候，豐子愷卻不為貧窮所困，總是搖搖頭對許欽文說「不去同他們爭骨頭吃！」[38]

對於豐子愷來說，杭州給他的回憶實在太多太多了，如今久別重逢，他怎麼能不感慨萬千呢。

在西湖遊船上，豐子愷給胡治均講述他青年時代在杭州讀書時的那些故事，往事歷歷，他說得有聲有色。在三潭印月的小島上，他回想起舊時九曲橋中的亭子，有一幅刻在木板上的對聯，是俞曲園撰並書，他興趣勃勃地念起：「記故鄉亦有仙潭，看一樣湖光，添得石橋長九曲；到此地宜邀明月，問誰家秋思，吹殘玉笛到三更。」作者從故鄉的仙潭寫到眼前的石橋，從明月寫到秋思，伴以一聲聲的舒宛的笛音聲，直讓人浮想聯翩。抗戰中此對聯被日本人偷去，如今亭子也不復存在，滄海桑田，世事多變，人心更是難測，面對西湖美景，唯有偷得安閒而已！

---

[38] 轉引自陳星《瀟灑風神・第二故鄉》，灕江出版社1987年4月版。

有一個早晨，豐子愷和胡治均乘船來到花港觀魚，想去蔣莊看看馬一浮故居。當年在豐子愷情緒最低沉心緒最落寞的時候，是當時還住在「陋巷」中的馬一浮指點他：「無常即是常」。可想到人去樓空，物是人非，徒增傷感而已！豐子愷終究還是沒有去蔣莊。馬一浮曾給他的湖畔小屋寫了「天清」、「地寧」的對聯，如今故人遠去，西湖雖熱鬧，在他眼裏，卻是一片清靜、安寧。

　　他們上靈隱，見飛來峰石刻，有些已是有身無頭，有些有頭無臉，豐子愷見了，歎息無言，幸喜靈隱寺依然無恙。他們在大雄寶殿的東首攝影留念，回滬後照片印出來，還不忘寄給遠在石家莊的兒子新枚。

　　他們又上吳山，吳山俗稱「城隍山」，山上有城隍廟，每到農曆八月十八，在城隍山上觀潮是一大壯麗的景觀。可他們去時，已看不到城隍廟，更不見那樣熱鬧的場面，唯有山下西子翠綠，山外錢江依舊。讓人感動的是，那個載他們上山的司機，當得知乘坐的是豐子愷時，由衷地表達他心中的敬仰、愛慕和關切之情。

　　在杭州，他還見到了老友、現代教育家鄭曉滄。鄭曉滄海寧鹽官人，是豐子愷浙一師的同學，1938年12月，時任浙江大學教務長的鄭曉滄邀請豐子愷去浙大任藝術指導，促成豐子愷離開桂林師範，前往宜山。抗戰勝利重返江南後，鄭曉滄定居杭州，豐子愷一家也遷居杭州。豐子愷每月到樓外樓家宴，每次都會請上一個客人，如教育家鄭曉滄、數學家蘇步青、牙醫易昭雪等。樓外樓上還有豐子愷應店主之請而題寫古人句子的匾額：「湖光都

欲上樓來」，寫得情趣盎然。有一晚，豐子愷和鄭曉滄在西湖邊酒樓暢飲，以詩佐酒，共入酩酊，那樣的情景實在難忘。

1970年，兒子華瞻從杭州來，帶來鄭曉滄被「解放」的消息。後來鄭曉滄來信告訴他一隻腳跛，不能行走，因當時在路上，身掛黑牌子，被群童打壞。1972年11月初，杭州馬一浮的學生劉公純傳豐子愷已死，鄭曉滄急忙給一吟寫來信，只寥寥一行半，問她父親安否？同一個月，鄭曉滄來上海看望豐子愷，歷經劫難，又能重聚，兩位老友實是有太多的感慨。所以這次去杭，豐子愷也沒忘記看看老朋友，看到老友年已八二而步履彌堅，心中非常欣慰。

豐子愷在杭州時，對《往事瑣記》作了修改並定稿。閑著的時候，還寫了自己的舊作《一剪梅》詞和父親所作的掃墓竹枝詞，可惜他平時用慣了狼毫筆，羊毫筆毛太軟，他不習慣，寫的字感覺不滿意。

杭州也有不稱心的地方，豐子愷覺得供應很差，一則館子無好菜，連最有名的西湖醋魚也沒吃到，再則路上交通工具難找，但杭州畢竟是美麗的，尤其是春天，楊柳青青悅目，上海又哪裡比得上此地柳色之幽靜呢？

八

在那樣的年月裏，片刻的寧靜都是偷來的，對豐子愷來說，剛剛平靜了不長一段時間，可誰能料到這時候風雨再次襲來。

還在1973年6月時，上海市舉行書法篆刻展覽會，豐子愷應囑展出寫魯迅「橫眉冷對千夫指，俯首甘為孺子牛」的對聯書法

一件，誰知，不久就被當時上海一位當權人物下令取下，形勢再次發生了微妙的變化。

1973年8月份，當豐子愷得知《大乘起信論新釋》譯稿即將刊行，立即致函廣洽法師：「我國規例，對宗教信仰可以自由，但不宜宣傳。弟今乃私下在海外宣傳，故不敢具名，而用「無名氏」也……弟自幼受弘一大師指示，對佛法信仰極深，至老不能變心。今日與法師合得一百五十歲，而刊行此書，亦一大勝緣也。書出版後，只須寄弟兩冊，一冊自存，一冊送朱幼蘭居士，因在此不宜宣傳也。」[39]10月份，《大乘起信論新釋》在新加坡出版，廣洽法師在跋語中說：「今春適有星洲友人[40]觀光故國，赴滬訪晤，豐居士遂將其全部譯稿託其轉贈於余，告之曰：藉此欲以紀念是年師與我二人合得一百五十歲之世壽矣！」[41]但是國內政治形勢更加緊張，豐子愷承受了更大的心理壓力，12月20日他致函周穎南：「舊譯《大乘起信論新釋》即將出版，此乃廣洽法師之要求，非弟本意。故具名「無名氏譯」。今特奉告，請勿在報上宣傳為荷。」[42]12月21日又致信廣洽法師：「昨得周穎南先生信，知《大乘起信論》已付印，即將出版。此稿係弟廿餘年前舊譯……故出版後請勿寄來。」[43]明明是新近譯成的，卻說成舊譯，言辭間如此閃爍，實在是風雲又變矣。

---

[39] 1973年8月17日致廣洽法師，《豐子愷文集・七》第356頁。
[40] 新加坡企業家周穎南。
[41] 《豐子愷年譜》第550頁。
[42] 1973年12月20日致周穎南，《豐子愷文集・七》第712頁。
[43] 《豐子愷年譜》第358頁。

1974年1月，豐子愷在家重譯日本夏目漱石的短篇小說《旅宿》，這時候，批林批孔運動在全國展開。2月15日，江青等指示中國美術館舉辦所謂「黑畫展」，批判周恩來組織創作的二百一十五幅出口畫，上百名畫家受株連。

3月，上海批林批孔到了高潮，雖然春色明媚，豐子愷也只是枯坐小室，想像鄉間美景而已。替人寫字通常用魯迅詩，畫又總是《東風浩蕩，扶搖直上》、《種瓜得瓜》等。興到時寫幾首古人的小詩，那是不能公開的，只是燈下私下吟哦，聊以寄託一份心情罷了。那一天他寫龔自珍詩：「落紅不是無情物，化作春泥更護花。」心中頓生感歎，他對老友舒國華之子舒士安這樣說：「可知天地好生，生意永不熄滅也。」[44]一顆仁慈的心，總是向善的，他眼裏的世界也是光明的。

4月，形勢不容樂觀。有一工廠中貼出一張大字報，說豐子愷寫蘇曼殊詩意的「滿山紅葉女郎樵」，是諷刺。紅是紅中國，樵取紅葉，即反對紅中國。北京的畫家李可染、吳作人等，向一個外賓發牢騷，說畫題局限太緊，無可作畫，此言立刻在外國報上發表。唐雲畫一隻雞，又被批評，說眼睛向上，不要看新中國……雖然還沒直接受到批判，警鐘已經敲響。這之後，豐子愷提高了警惕，決定以後不再畫「滿山紅葉女郎樵」，即使畫，要改為「滿山黃葉女郎樵」。

7月份，為鞏固文革成果，上海又開批判會，受批判的四人，豐子愷、林鳳眠、程十髮、劉海粟等。豐子愷受批首當其衝

---

[44] 1974年3月29日致舒士安，《豐子愷文集・七》第454頁。

▼1947年合影於上海思南路梅蘭芳寓所，左起：記者陳警贖、攝影家
郎靜山、京劇藝術家梅蘭芳和漫畫家豐子愷

的便是這幅「滿山紅葉女郎樵」，起因是他畫好了送人，那個人
將畫交出，被畫院的領導看到了，因此受批判。

　　這年兩次開批判會，第一次在畫院，第二次在天蟾舞臺。多
年之前，豐子愷曾在天蟾舞臺看梅蘭芳的演出，後來又連看幾
場，接著和攝影家郎靜山等人一起去訪問，當他與梅蘭芳對坐在
兩隻沙發上談話時，他驚訝於梅先生的身材恰到好處，說話聲音
宏亮而黏潤，手勢非常自然。然而最使他深受感觸的，卻是人生
的無常之慟。梅蘭芳不論身體如何好，今後還有幾年能唱戲呢？
上帝創造這件精妙無比的傑作，十多年後就會塌損到絕對無法修
繕的地步!

　　真的是無常，人的命運，並不為自己所左右，就如大海中
一葉扁舟，惡浪隨時撲面而來。現在，豐子愷關照自己一定要做
「足不出戶，墨也不出戶。」

可是，要做到這點卻很難，因為經常有人來求字畫。有一個人從洛陽來，向郵局打探得他的地址，來求寫字，豐子愷寫了毛主席詩及白居易詩給了他。上海點心店工人盧永高就是這個時候帶著兒子來向豐先生求教的。「近來素不相識之人登門求畫者甚多，來意至誠，我也不便拒絕。每晨替他們畫。」[45]「自從書展之後，我的書名大噪，求字者絡繹不絕。昨天有人求寫立幅，磨好了墨，裝在小瓶裏送來，也算誠意了。然而宿墨不能用，隔夜如黑鼻涕，只得倒在抽水馬桶內，另外磨過。」[46]「求畫者大都謝絕，求字者多，寫毛詩應囑。」[47]

因為求字的人太多，因為世間自有一種人視毒草為香花，豐子愷把便「墨不出門」改成了「畫不出門」，對於來求畫的，大都婉拒，畢竟寫字不大容易被人挑出毛病來。

這讓我想到了與豐子愷交好的馬一浮，學者劉衍文考證，如果一個人既無聲名又不是權貴，他想跟馬一浮結交，可就難了，就算他勉強接待了，也必如妙玉之於劉姥姥掩飾不住內心的厭惡。豐子愷則不然，只要有人真心喜歡他的畫，真心想和他結交，他總是能滿足對方的，所以豐子愷童心的可愛和佛心的寬容由此可見一斑。

因為豐子愷的平民化，總有人惦記著他。1974年8月，上海室內連續七八天三十三度，豐子愷患氣喘症、中暑，石門同鄉於夢全送給他野生的靈芝草，豐子愷珍藏著，聞其香氣，也覺得很

[45] 1973年6月23日致新枚、佩紅，《豐子愷文集‧七》第673頁。
[46] 1973年9月2日致新枚，《豐子愷文集‧七》第675頁。
[47] 1974年8月24日致新枚，《豐子愷文集‧七》第684頁。

是暢快。豐子愷也常常收到各地讀者寄來的食物：花生、胡桃、木耳、紫菜、筍乾等。

這期間，有半年多的時間，豐子愷手指神經麻痺，但他幾次對朋友說到「茶甘飯軟，酒美煙香，不知老之將至也。」這樣的話，可見他的心情是愉快的。想來，最給他安慰的，莫過於在漫漫長夜裏、以一個多病之軀，收穫了那麼多藝術的果實吧。

九

1975年，豐子愷到了他生命的最後一年。

年初的他，還並不知道自己的病有多嚴重，還在關心著別人，他跟新枚詳細地說起翻譯家草嬰跌斷脊樑的過程：草嬰勞動時，從車上卸下水泥，他用背去扛，水泥很重，壓斷了他的脊樑。脊樑不能上石膏，只得躺在板上，大小便、飲食，都要人服侍，非常痛苦。

山東聊城光岳樓，要豐子愷寫對聯，他寫了大字寄去。石門建造大會堂要他寫「石門鎮人民大會堂」，並且邀請他回鄉去看看，豐子愷寫了每個一公尺見方的字寄去。

「雨水」節時，鄭曉滄來信說，二十四番花信時節，杭州什麼花都看得見，邀請豐子愷到杭州看花，豐子愷覺得自己已沒有這樣風雅，也便沒有去。

四月的上旬，他還在嘮叨，二十四番花信將終，小樓中卻不見花，只在心裏作穠春罷。但是因為家鄉人民的盛情邀請，這時他的心恐怕已經飛回故鄉了，他心裏盛滿了花草，彷彿又回到了童年

的故鄉，回到越國壘石為門對抗吳國的古老的的大運河邊。到了中旬，正是新蠶豆上市的時候，豐子愷終於又回到了石門灣。

正是少小離家老大回的時候，石門灣啊，給了豐子愷太多的回憶，緣緣堂啊，曾經給他和孩子們帶來了多少歡樂，可如今，緣緣堂早被日本人的炮火炸毀，石門灣也已經大變，他的思鄉的心情因為這些而感慨萬千。

是學生胡治均和三女林先等人一起陪了豐子愷去的，他們乘滬杭線火車，到長安站下車，走運河坐船，這位78歲的老畫家步履維艱地來到了故鄉，其時，豐子愷右手右足動作不靈，

▲1975年，豐子愷最後一次返故鄉石門灣

右手已不能握毛筆，只能執鋼筆。後來才知道，這時的他，其實肺癌已病入晚期。所以他從長安站到上船不長的路竟走了很長時間⋯⋯

第一站先是到豐子愷的胞妹雪雪家，雪雪從小給了石門鄉下南深濱的蔣家。

又是一場兄妹相逢的喜事，當年因為離亂而別離，而今再相見，都已容顏不再，歲月催人老啊。但是在這種日子裏兄妹倆還能相見，也是天賜良機。

鄉親們都來看這位乳名叫慈玉、如今已是大名鼎鼎的豐先生，那些淳樸的鄉親，他們還是親熱地稱他「慈哥」、「慈伯」、「慈公公」、「慈爺爺」，有的跟著雪雪的兒子蔣正東叫他「娘

舅」，鄉親如一家，所有這些聲音，都叫得豐子愷心裏暖暖的。

在鄉下吃新鮮蠶豆，喝杜做酒，很多人送來雞蛋、豆腐衣等土產。豐子愷帶去了十條前門牌香煙和很多糖果送人，又寫了好多賀知章詩送給他們。雨後放晴，他們到石門鎮，觀者人山人海，家鄉的人們都要一睹老畫家的豐彩。

▼與石門灣鄉親合影

回鄉之後過了一個月，於夢全請豐子愷題他藏的鮑月景《百子圖》，人物畫家鮑月景的《百子圖》，圖中百名小兒，神態、動作各異，無不栩栩如生。豐子愷見到此畫卷後，欣然命筆，在

圖上題詩一首《題於夢全藏鮑月景先生〈百子圖〉》：「多福多壽多男子，華封三祝古人重。百子濟濟入畫圖，神來之筆寫神童。今日門牆桃李花，他年翠柏與蒼松。」[48]

看書寫字的日子是治情的，豐子愷無法不做這些，1975年7月5日他在致潘文彥信中說：「你熱愛詞，可見是性之所近，而深於情者。詞這種文藝格式，世間只有中國人擅長。日本人模仿漢詩，但不解詞。詩盛於唐，詞興於宋。可知詞是一種進步的文藝格式。古人稱詞為「詩餘」，實則乃詩之變格，言情更為細緻而親切也。我近讀《白香詞譜》，愛其「箋」。箋中有許多可愛的作品。今日讀賀方回《小梅花》，讀之不足，又抄出一紙，今附送給你。」[49]

八月初，蔡介如受友人之托，請豐老在畫冊開首題幾個墨寶，豐子愷題了「美意延年」。

不幾日，有一天吃晚飯時，豐子愷發現用筷挾菜竟挾不住，最後幾口是家裡人餵給他吃的，且有了熱度。他的病情由右手指不靈，逐漸發展到右腕關節不靈，右肘關節不靈，乃至右肩關節不靈！去醫院幾次，肺部雖作了X光透視，也沒有發現什麼。

一日，日月樓對聯飄落一聯，這似乎是一個不祥的預兆。

8月15日，杭州傳來了三姐豐滿病逝的消息，這對豐子愷是一個沉重的打擊。他病體奄奄，躺在那張連腿也伸不直的小床上。8月29日，豐子愷當醫生的姨外甥女沈國馳主張趕快送醫院，於是送進了大華醫院。透視肺部，仍未發現病變。

---

[48] 《豐子愷文集・七》第828頁。
[49] 《豐子愷文集・七》第722-723頁。

這晚，豐子愷住在充當急診室的走廊裏，一吟陪伴著父親，豐子愷跟他說了好多話，還說到周總理。8月30日，豐子愷被轉往華山醫院，住在內科觀察室九床，8月31日做超聲波檢查，正常，9月1日做腦電圖，還是正常，9月2日轉神經內科觀察室27床，做X光片檢查肺部，發現右肺的葉尖有一個拳頭大的腫瘤。醫生分析，可能已轉移到了左腦，因此使右臂不能動彈。

　　戶永高是9月2日獲悉豐子愷先生住院的，他連忙趕到華山醫院，在病人擁擠的急診觀察室，找到了豐先生。當時豐子愷正在滑輪上，由護士推去X光室做透視。他發現了戶永高，緩緩地伸出手，緊緊地握住對方的手，久久不肯放下，無限深情地連呼：永高，永高。這呼聲簡直要撕裂戶永高的心。他發現這時的豐先生與先前已是判若兩人，豐子愷形容消瘦，臉色蒼白，連平時散射智慧的目光此時也黯然失神。

　　但是就是在這樣的日子裏，躺在病床上，豐子愷還在與兒子華瞻談他近一時期看到的詩話。等到新枚從石家莊趕來，豐子愷已說不出話來，一吟根據父親手勢的意思，把三篇翻譯的物語交給新枚保管。

　　1975年9月15日，豐子愷病逝於華山醫院急診觀察室。

　　劉海粟在豐子愷逝世後，用整張宣紙寫下「精神萬古，氣節千載」八個大字，又畫了一張橫幅墨梅，上題：「養成德性自天全，節操冰霜久耐寒。一點真心似鐵石，老梅香馥自年華。」在追悼會那天，他用剛領到的一個月的生活費托人買鮮花紮成花圈，讓學生送到火葬場，是追悼會上唯一用真花紮成的花圈。他

希望豐子愷的藝術像鮮花一樣馨香遠播，秀氣長存。

日本有伊呂波歌，豐子愷意譯為：「花雖香且豔，不久即紛飛。茫茫此世間，何人得久棲？擾擾紅塵界，從今當隔離。勿作黃粱夢，亦勿任醉迷。」

豐子愷一直對自己的健康很樂觀，以為無大病，幾次說壽命可比白居易筆下的「新豐老翁」，自信自己能活過八十八。但是茫茫此世間，無人得久棲，風風雨雨過後，每個生命最後都會邈然而化，蒼天好生，也一樣要離棄他，那麼當人們身處紅塵的時候，如何善待生命，善待生命中的每一天？豐子愷引用日本歌謠，規勸生活中的人們，踏踏實實地行事，不要做不切實際的夢想，認認真真地處世，更不要醉生夢死地生活。不管身處何種境地，做到心地一片泰然，無愧於天地，無愧於自己。佛說：「心地無非自性戒，心地無癡自性慧，心地無亂自性定。」一個擁有清靜心的人，是可以平靜地面對身邊事的，即便無常之橫逆來臨時，也是可以冷眼旁觀這個世界的，視無常如浮雲，做自己的佛。當文革時，老舍選擇了沉湖，傅雷上吊而亡，豐子愷卻以一顆佛心成就了自己，成就了自己熱愛的藝術，給後世留下了淡然有味的作品，這在今天的我們看來是多麼幸運的事啊。

這是一種別樣的生命姿態，他和他的藝術一起，恰如鮮花一樣馨香遠播，秀氣長存！

2007年7月初稿
2007年8月修改

　紙上光陰──民國文人研究

後　記

　　這是一組對民國人物的掃描。收入這本書的，有一半的文章是我寫作《方令孺傳》時的副產品，如聞一多、陳夢家、吳宓、靳以等，有一些是讀書筆記，如巴金、徐志摩、湯雪華等，或是雜誌編輯的約稿，如穆旦、豐子愷、龔寶銓等，這其中涉及到人物的考證、人物關係的梳理及對人物內心世界的探索等，文章有長有短。回想閱讀時的喜悅、寫作時的投入，是可欣慰的。

　　我不是學中文的，工作更與文學與研究無關，卻在近年出版了幾本文學研究的小書，這要感謝巴金研究會常務副會長、巴金故居常務副館長周立民兄，每次在關鍵時候，他的指點常會讓我豁然開朗、峰迴路轉。雖然他小了我好多歲，但我一直把他當兄長看，他是我文學路上的導師。

　　也非常感謝蔡登山先生，我們素昧平生，但他並不介意我的默默無聞，相反多次予以提攜。由於他的器重，我的幾本小書得以順利出版。也要感謝秀威的多位編輯，因為他們的辛勤工作，這些小書得以豐富的面目呈現。

　　其實這一切都非常偶然，偶然地遇見了他們——歸根到底，人生有太多的偶然。記得還在高一的語文課堂上，偶然地遇上了

熱愛文學的吳重秋老師，從此我這一生與文學結緣。這麼多年來，我那顆愛好文學的心始終不死，於是走到了今天。

　　我還要感謝關心我的家人和朋友，是他們的寬容、支援和鼓勵，讓我不求功利、不計得失地走在文學這條路上，我還將自由地、從容地走下去。

　　人生如此多彩──文學豐富了我的人生。

夢之儀
2012年10月

史地傳記類　PC0277

紙上光陰
——民國文人研究

作　　者 / 夢之儀
主　　編 / 蔡登山
責任編輯 / 劉　璞
圖文排版 / 彭君如
封面設計 / 陳佩蓉

發　行　人 / 宋政坤
法律顧問 / 毛國樑　律師
出版發行 / 秀威資訊科技股份有限公司
　　　　　114台北市內湖區瑞光路76巷65號1樓
　　　　　電話：+886-2-2796-3638　傳真：+886-2-2796-1377
　　　　　http://www.showwe.com.tw
劃撥帳號 / 19563868　戶名：秀威資訊科技股份有限公司
　　　　　讀者服務信箱：service@showwe.com.tw
展售門市 / 國家書店（松江門市）
　　　　　104台北市中山區松江路209號1樓
　　　　　電話：+886-2-2518-0207　傳真：+886-2-2518-0778
網路訂購 / 秀威網路書店：http://www.bodbooks.com.tw
　　　　　國家網路書店：http://www.govbooks.com.tw

2013年1月BOD一版
定價：290元
版權所有　翻印必究
本書如有缺頁、破損或裝訂錯誤，請寄回更換

國家圖書館出版品預行編目

紙上光陰：民國文人研究 / 夢之儀著.-- 一版. -- 臺北
市：秀威資訊科技, 2013.01
　　面；　公分. -- (讀歷史14 ; PC0277)
BOD版
ISBN 978-986-326-047-9(平裝)

1. 作家　2. 傳記　3. 中國

782.248　　　　　　　　　　　　　101026185

讀者回函卡

感謝您購買本書，為提升服務品質，請填妥以下資料，將讀者回函卡直接寄回或傳真本公司，收到您的寶貴意見後，我們會收藏記錄及檢討，謝謝！
如您需要了解本公司最新出版書目、購書優惠或企劃活動，歡迎您上網查詢或下載相關資料：http:// www.showwe.com.tw

您購買的書名：_____

出生日期：_____年_____月_____日

學歷：□高中 (含) 以下　　□大專　　□研究所 (含) 以上

職業：□製造業　□金融業　□資訊業　□軍警　□傳播業　□自由業
　　　□服務業　□公務員　□教職　　□學生　□家管　　□其它____

購書地點：□網路書店　□實體書店　□書展　□郵購　□贈閱　□其他

您從何得知本書的消息？

　　□網路書店　□實體書店　□網路搜尋　□電子報　□書訊　□雜誌
　　□傳播媒體　□親友推薦　□網站推薦　□部落格　□其他_____

您對本書的評價：(請填代號　1.非常滿意　2.滿意　3.尚可　4.再改進)

　　封面設計____　版面編排____　內容____　文／譯筆____　價格____

讀完書後您覺得：

　　□很有收穫　□有收穫　□收穫不多　□沒收穫

對我們的建議：_____

_____

_____

_____

11466
台北市內湖區瑞光路 76 巷 65 號 1 樓

秀威資訊科技股份有限公司　　　收

BOD 數位出版事業部

....

（請沿線對折寄回，謝謝！）

姓　　名：＿＿＿＿＿＿＿＿＿　年齡：＿＿＿＿　性別：□女　□男

郵遞區號：□□□□□

地　　址：＿＿＿＿＿＿＿＿＿＿＿＿＿＿＿＿＿＿＿＿＿＿＿＿

聯絡電話：(日)＿＿＿＿＿＿＿＿＿＿　(夜)＿＿＿＿＿＿＿＿＿＿

E-mail：＿＿＿＿＿＿＿＿＿＿＿＿＿＿＿＿＿＿＿＿＿＿